新版

よくわかる！

子どもの造形入門

52話

保育者を目指す人と
親のための

石川博章 著

目次

第3章 子どもの絵の発達について

第4章 子どもの立体的なものづくりについて

第5章 材料や道具について

はじめに

人間にとって、ものづくりは必需の活動である。保育でいわれている感性や情操を豊かにするとか、創造性を養うといった意味だけでなく、広い意味でつくるということが人間の営みであるといえばよいであろうか。歴史的に見ても、人は自然のなかからものをつくって、文明を築き上げてきた。そして現在も多くの大人が仕事として、ものづくりに関与していることを考えれば了解できることである。やはり、ものをつくるということは、人間のＤＮＡに組み込まれているのだと思う。

そう考えると、人としての基礎を培う子ども時代にこそ、身をもっていろいろな造形活動を経験しなければならない。そして、それを自らのなかに内面化し、学びに変えることによって成長につなげ、後の大きな礎にできる。ただ、子どもの造形は大人のそれと違うので注意が必要である（大人も自分で経験してきたはずだが、忘れてしまっている。その点は本書を読み進めていただければ、理解してもらえるだろう）。

しかし、こうした思いとは裏腹に、保育造形は、盛んに実践が行われているようには見えない。それどころか、現場では、お父さんやお母さんの手前、外見を整えた作品に仕上げることに囚われているかのようである。保育を学ぶ学生においても、ものづくりが嫌いな学生からは厄介な分野と思われ、敬遠されている。まったくもって子どもの造形が軽視されている現実がある。また、われわれ保育者養成の側も、子どもの造形の正しい姿を伝えることに、努力を続けてきたであろうか。自戒が必要である。

この本は、以上のことを踏まえて、子どもの造形について書いた入門書である。現代の保育の考え方を取り入れながらも、多くは重要で欠くべからざる普遍的な基本事項を集め、わかりやすい解説に努めた。保育を学ぶ学生に向けて書いているが、保育の造形を学び直そうと思っている保育者さん、お子さんの造形活動に興味を持たれているお父さんやお母さんに読んでいただいても、必ず役立つと信じている。

全章を通して、取っつきやすくするため、また端的に理解してもらうために一話ごとの読み切りの形にした。だから興味のある話から読んでもらえればよい。子どもの造形は、初めは平面的な活動が多いので、本書の内容もそれについて扱った部分が多い。第1章では、子どもの造形の基本的な考え方を、第2・3章では、子どもの絵にまつわる話と絵の発達について述べている。第4章では、立体的なものづくりについて、第5章は、指導を行う上で、材料や道具について知っておいてほしい内容を述べている。第6章は、園ではもちろんのこと、ご家庭でも気軽にできる楽しい造形遊びについて記している。最後の第7章は、保育者を目指す学生のために造形課題を書き下ろしている。そして、説明が必要と思われる語句等は、欄外に註として解説を記している。さらに、もっと深く勉強したいという方のためには、筆者が引用・参考にした文献の一覧を巻末に掲げた。参考にしていただきたい。

子どもの造形を学んでいる学生のみなさん、保育者やお父さんお母さんに、何らかの参考にしていただければ幸いである。どうぞ、興味のあるところから読み進めてみてください。

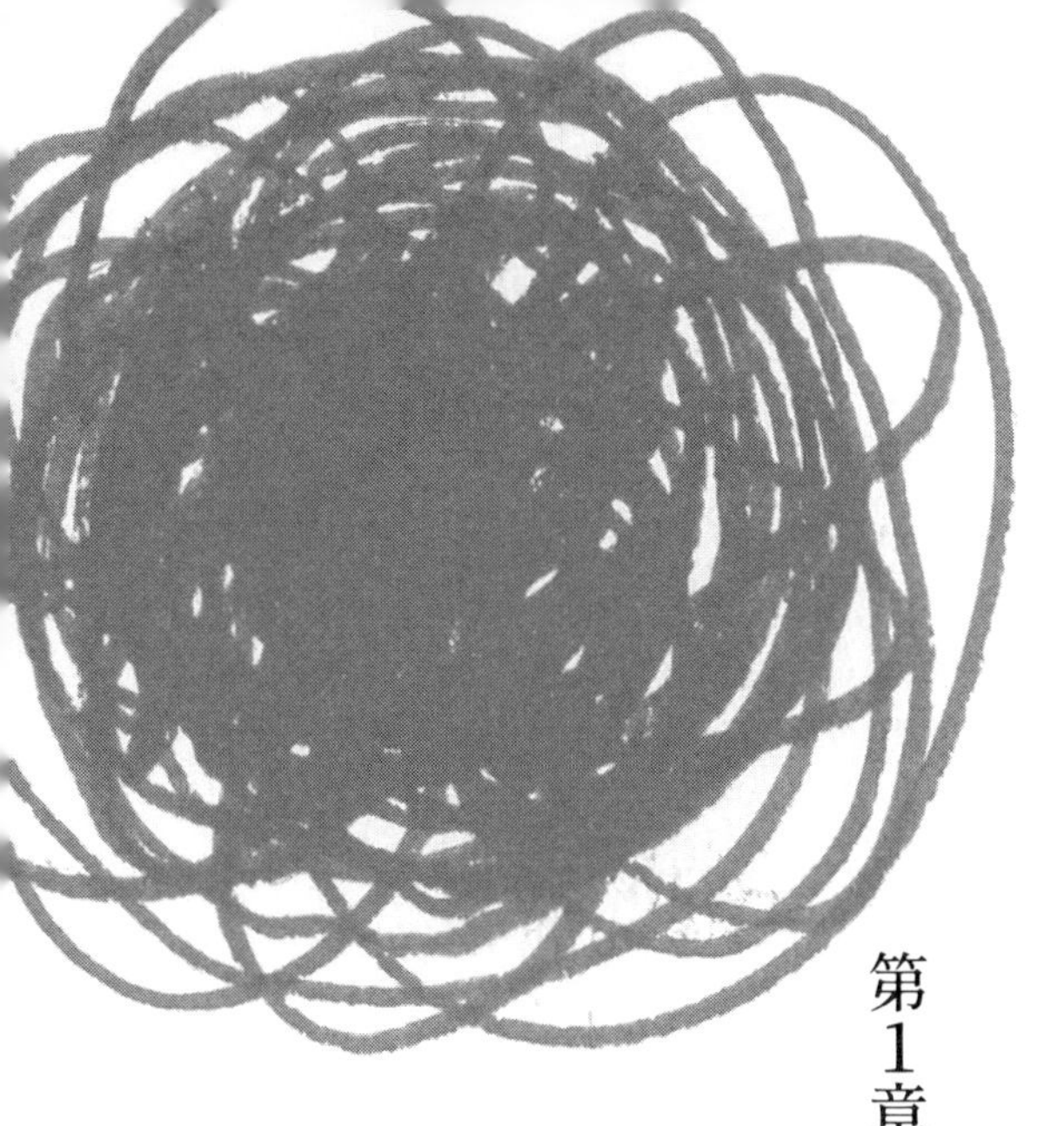

第1章　子どもの造形についての考え方

1

ものづくりをする人間

人間と特定のサル以外の哺乳類は、人間ほど色が認識できないのだそうである。[1] また、馬などの動物は、後ろを振り向かなくても背後の敵を認識することが可能なように、目が顔の側面についている。しかし、人間は前面に目がついているので、馬のように振り向かずにそれを行うことは不可能だが、目が二つ前面についていることで、距離を正確に捉えることができるのである。また、人の目はカメラのレンズでいうと、二十八ミリから百三十五ミリくらいの画角調整をしているともいわれている。だから、ものづくりの観点からいえば、人間は色彩豊かに見える世界を、細部から全体まで、奥行きのある立体感で捉えることができるのである。

一方、ものをつくりだすことのできる手について、人間はサルだった時代から、樹上生活のため、親指と他の指が向かい合い、枝を自由につかむ能力[2]が発達したそうだ。つまり、五本の指がばらばらに動き、自由に使える。こ

1 人間は網膜に光の三原色（赤緑青）を感じる細胞（錐体）がそれぞれ三つあり、それらが色を感じ、その信号を脳に送り、処理することで色として認知している。しかし、犬や猫などは、赤と青を感じる錐体しかないために、人間ほどに色の識別ができない。

2 拇指対向性（ぼしたいこうせい）という。他の霊長類に比べ、人間は足の拇指対向性は失ったが、反面、手の拇指対向性が著しく発達した。

れは道具使用や制作[3]に有利な手を持つに到ったといえるのである。

目で見て手が使えるだけでは、もちろんものづくりをするには不十分だが、ここでは、頭で考えることには深く立ち入らない。しかし、頭の働きを通して、知識や感情などの、やはり人間独自の能力を関連させ、働かせあうことによって、初めてものがつくられるのである。そして、完成させたものは鑑賞したり、使用したりするのである。

だから、目で見て、頭で考えて、手で描き・つくり、鑑賞・使用するその豊かな活動、それは唯一人間のみができることなので あり、サルから進化したといわれる人間のみが、豊かな社会を創造してきたのである。

図版 1-1　チョークで地面（コンクリート）に絵を描く子ども

3 〈制作〉と〈製作〉。従来、保育界では〈製作〉という語が使われてきた。そのため、今もよく使われ、小学校の「図画工作」でも使われたことがある。しかし、〈製作〉の本来の意味は図面どおりに実用品をつくるという意味である。だから、かつては、お手本どおりにつくるという意味で使われてきたのである。しかし、現代において、表現としての造形に関しては、〈制作（芸術作品などをつくること）〉の語が適している。

2

人はものをつくって成長していく

「今の子どもは、不器用でナイフで鉛筆は削れない」などというのは妄言で、ナイフで鉛筆を削る必要がないだけである。それが証拠に、子どもたちがテレビゲームをする時のコントローラーの指さばきを見れば、その巧みさに驚かずにはいられない。彼らの活動内容が時代とともに変化しているのである。だから、ナイフも使い慣れていないだけで、練習をすればすぐに使えるようになるだろう。しかし、ＩＣＴ[4]環境の普及で、実体験というのか、直接活動といえばよいのか、そうした経験が確実に減っていて、その乏しさが子どもたち自身を蝕んでいるのは事実である。ＩＣＴの発達は時間と空間を超えて、いろいろなことを見せてくれるが、所詮それらは視覚的な体験にすぎない。だから、手や体を動かして、五感[5]をも複合的に働かせて、いろいろな問題を解決しながら、実体験をすること、野生を取り戻し、不安のなかでもがき苦しみ、ものづくりを進めていくこと、そうしたことが何よりも大切で

4 Information and Communication Technology の略。情報通信技術のこと。

5 五感とは、触覚・味覚・嗅覚・聴覚・視覚である。五感で感じて、考えたり、心を動かされたりすることは、知識を受身の形で吸収する学習と違い、子ども自らが行う能動的な行為である。だからそれは創造の源となるのである。

はなかろうか。子どもにとって、そうした活動過程から得る知識や経験は、単に机上で学ぶ間接的な知識以上に大切ではなかろうか。

保育の造形は、「表現」といって、内面のものを外に表すこととされ、少し純粋芸術面[6]に偏っている。しかし、それだけでなく機能のある役に立つものをつくるとか、装飾物といったものづくりの分野にも目を向けていかなくてはならない。何より、お膳立てしたものを与えるのではなく、自分の力で準備し、つくってみる。自ら力をつけていくそうした行いが子どもたちの成長を促していくのである。

我々の周りを見てほしい。コンピューター、机、コップ、着ている服などや、外に目を移しても、車や道、建物などすべて自然物ではなく、人間の手でつくられたものである。だからものをつくることは全般が、人間の営みなのである。

しかし、学校では図工や美術の時間が少なく、保育においても、どれほど造形の大切さに気づいて

図版 1-2 「せんせい、ここぬるね」「たくさんぬってね」

6 純粋芸術とは芸術的価値を専らにする絵画、彫刻のことで、応用芸術のデザインや工芸など機能を併せ持つものと区別されている。

いることか。保育とは、園や家庭で乳幼児を対象に、潜在的な可能性に働きかけて、豊かな人間としての基礎を培っていくことである。現代の保育のなかに、どのように効果的に造形を組み込んでいけばよいのだろうか。

子どもたちは、いつも一生懸命に作品をつくったり、絵を描いている。あまりに真剣な姿に、大人が驚かされることもしばしばである。これが本当の人間の姿である。子どもたちは、ものをつくりだすことによって多くを学び、成長していくのである。

3
造形活動で育まれる力

子どもたちは生活経験が少なく、知識の集積がない。そのため、大人のように固定観念に捉われることや過度の忖度をすることがなく、出合うことのすべてをあるがままに受け入れる。だから小さなことで、感動して喜んだり、反対に悲しんで泣いたりする。換言すれば幼い子ほど感受性は研ぎ澄まされており、自分の感情に素直である。しかし、時にはあまりにストレートで、残酷になってしまう場合もある。[7] 次は実体験である。筆者の娘が幼い時、砂抜きのため塩水に入れてあったアサリを見ていた。動いたり、潮を吹いたりするのを楽しんでいた。その時、迂闊にも夕食として調理して食べることを、告げてしまった。すると顔色が一変し、みるみるうちに大きな涙を浮かべ、大泣きした。それまでにも、アサリを食べたことはあったのだが、今生きているアサリを食べるという目前のことに大きくショックをうけてしまったエピソードである。

7　例をあげると、友達を名指しして「〇〇ちゃん、汚い」「〇〇ちゃん、臭い」という場合がそれである。

うれしいこと、悲しいことなど通常とは違うことが起こった時、その経験をもとに子どもが造形活動を行った場合、赤裸々なまっすぐな表現に大人は目を見張ることになる。ここで大事なことは大人が「すごいね！」と共感できるか、それとも「ダメじゃない！」と否定してしまうかである。これには、大きな相違があり、子どもを伸ばせるか否かの違いを生む。子どもの表現を他者（大人）が認めてあげることで、子どもはこれでよいのだと思い、自らを肯定できる。そして、その過程で感性や創造力、個性が育まれるのである。大人のように固定観念にがんじがらめに縛られた感覚からは、新しいものは決して生まれてこない。

いま世のなかでは、こうして育まれる力を非認知能力と呼んで、注目している。それはそうした力を身につけておくことが、将来の幸せや、経済的な安定につながることがわかってきたからである。[8] また、現在は、ＡＩ[9]がかまびすしいが、それらの能力は、ＡＩが代替えできない能力で

図版 1-3　床に画板を置いて描くこともあります

8 非認知能力の重要性については、シカゴ大学ヘックマン教授（ノーベル経済学賞受賞）や多くの学者が述べている。また、彼は「人的資本への投資はとにかく子どもが小さいうちに行うべき」と明らかにしている。そうした方が、将来の収益率が高いとしている。人的資本への投資とか収益率というと、保育・教育関係者は敏感に反応しがちである。けれども、この場合、塾に幼いうちから通わせると学力が上がるとか、将来、年収が高くなるという意味だけではなく、人格形成や体力向上・健康増進、そして、社会への還元（高い雇用率、犯罪の抑止等）も含まれている。

9 Artificial Intelligence の略。人工知能のこと。

もある。知識は古くなり使えなくなる場合があるが、新しいものを発見したり、考え出したりする能力である感性や個性は将来にわたって有効である。子どもが造形活動をする時に、育まれるこうした能力は、今後、ますます大切なものとなっていくと思われる。

4 家庭で子どもの作品を飾るということ

筆者は子どもが描いた絵や立体作品を自宅で飾っている。その理由は、作品から強い思いが伝わってくるからで、そうした作品からは、こちらが力をもらうことができるからである。[10] また、子どもにとってもよいことがある。

世のなかには、姿かたちが整ったものが溢れている。しかし、外見は整っているのだけれど、中身がこちらに訴えかけてくるものなどほとんどない。それらの多くが工業製品だからかもしれないが、手づくり品でも、芸術作品と称しているものでも大方は大同小異である。そんななかに、子どもの作品が出てくると、表現は荒削りで、技巧は拙くても、子どもの強い思いがびんびんと伝わってくる。もちろん上手とか下手とかは関係ない。むしろ下手といわれるような作品の方が、拙い技巧でつくられたがゆえに強い思いが全面に出ていることが多いような気がする。肝心なのは無垢な思いから作品がつくられているかどうかである。子どもの作品が魅力的なのは、やはり表現技

---

10 子どもの作品は、その年齢ごとの子どもの内面の記録である。その時々、何を感じ、何を考えていたかが、本人の手によって表現されている。例えば、どの家庭でも写真やビデオを成長記録として撮っていると思うが、それらは、主に外面を追っているにすぎない。しかし、子どもの作品はその時々の内面を伝えてくれるのである。大切な記録といわざるをえない。第2章15話（51頁）でも触れているが、ファイルして、保存されることをお勧めする。

術を上回る伝えたい思いや内容があるからなのである。人と人のコミュニケーションを考えても、言葉巧みに話されるとどこか空々しく感じる時がある。反対に口下手であっても、訥々と心の底から紡いだ言葉で話された方が、真実味をもってこちらによく伝わる場合と同じである。そして、自分の子どもの作品であればなおさらである。そうした作品から、活力がもらえるのだ。そうしたものから力をもらえることはそうそうない。そういう理由から子どもの作品が魅力的なのである。ただし、子ども作品は、芸術作品のようであったとしても、芸術作品として評価しすぎてはいけないと考える[11]。あくまで、子どもたちの作品は成長の記録というのが筆者の考えである。

子どもの作品を眺めてはニンマリしているのは、変な親かもしれない。「私の作品を見てニヤニヤしているのは、どこか私の作品にも優れているところがあるのかな」と子どもたちは思ってくれるはず

図版 1-4　下駄箱の上に、子どもの作品を飾った様子。西洋のお城であろうか、またはムーミンのおうちであろうか

11 アール・ブリュット（仏語。生の芸術の意味。英語ではアウトサイダー・アート）という考え方もある。障害者、子ども、素人がつくった作品も芸術作品とする考え方。

である。そんな時は、その場で間を置かずに素敵と思う箇所を言葉にして伝えてあげるとよい。もしそれができなくても、作品を飾るということは、すでに、作品を認めていることになるから、子どもには、承認されたという達成感が生まれるのである。そうすれば自信を持って次に取り組んでいける子に育っていく。さあ、皆さんも一度、飾ってみてください。

図版 1-5　タイトルは《おかあさん》。「これ私ではないわ」といわないでください

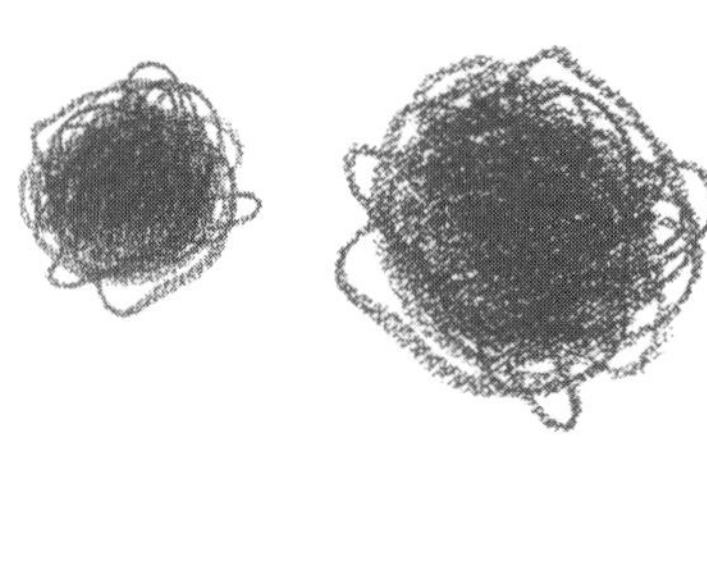

5

色の話

身の回りにはいろいろな色が溢れている。しかし色のことを話そうとすると、造形だけでなく物理、生理、心理にも関係してくるので難しさが伴う。[12]色の役割は、単に識別効果や装飾というだけでなく、人の心にも影響を与えている。[13]ましてや二色以上であれば､結果はより複雑になる。1話（10頁）で、人や特定のサル以外の哺乳類は色が十分に認識できないという話をした。いいたかったのは、人間は色彩豊かな造形を行い、享受できることを説明するためだった。だから、子どもたちにも、色のことをしっかり伝えていかなければならない。

四歳頃までの子どもは、描く対象物の色とは関係のない色を使う。人物を一色で描いてしまうことはよくあることだ（図版1-6）。しかし、好みの色を使っているに違いなく、この時期から、主体的に色を選んでいると考えられる。それが過ぎると概念色、つまり肌はうすだいだい、髪は黒、口は赤を使

12　この場合の物理とは、ものに光があたって反射した光が色として見えていること、生理とは、その光を目がどのようにして色と感じているかということである。そして、心理とは、脳が色の見え方を調整する働きや、色の組み合わせによって違う色に見えてしまうことを指している。

13　不安や抑圧を与えたりする反面、安心感や癒しを与えたりもするのである。また、食欲を増進させたり、集中力を高めたりする効果もある。

うようになる。その時、子どもたちは、色の名を覚えながら実際の色も覚えていくことが多い。言葉（色の名）が色を記憶するのを助けているのであろう。ただしよく似た色の区別、例えば青や緑、黄やだいだい、紫や黒などといった組み合わせは、後々まで混同してしまう子もいる。またこの時期、特に女の子の場合は、装飾的にとにかくさまざまな色を使うことがある（図版1-7）。その後は、小学生になって写実的描写を始めると固有色[14]や、光の加減で変化した色を使えるようになる。

保育者養成校の筆者の授業では、理論的な話の後に、赤・青・黄の三原色[15]の絵の具のみを使っていろいろな色をつくり、図のような色相図を完成させ

図版 1-6　子ども：「お母さん何色が好き」母親：「私は赤色が好き」子ども：「じゃあ、私とお母さんを赤色で描くね」

図版 1-7　特に女の子は、服を虹色（7色）にぬったり、たくさん描いた花をさまざまな色でぬる。それぞれの色の感覚を楽しんでいるのでしょう。

14　固有色とは、通常の日光のもとで見られるその物自体の色。

15　原色とはどんな色を混ぜても作れない色で、正確な三原色はマゼンタ（赤紫色）、シアン（空色）、イエロー（黄色）である。光の三原色とは違う。

ていく（図版1－8）。理論に裏付けられた体験で色を学ぶのである。例えば赤と黄を混ぜて、ちょうど色味が中間になるだいだいをつくる。これが結構難しい。同量の赤と黄を混ぜては、赤味の強いだいだいになってしまうからで、赤の量を減らさなくてはいけない。考えればすぐわかることであるが、学生は苦労してつくっていく。また、絵の具は混ぜるほどに濁っていくから、注意が必要である。[16]その後は、補色を混ぜ合わせる実験[17]を行ったり、つくった色を使って葉のスタンピングで、連続花模様をデザインしたりする（図版1－9）。理論と制作を通して、保育者を目指す学生には、色に関する能力を高めていってもらうのである。

最後に、子どもにとっては、色を混ぜることによって色が変化していくことは、最初、不思議なことに映るであろう。しかしそうした色あそびともいうべき活動から色に興味をもち、次にそれが絵を描くことにつながり、果ては絵を描くことは楽しいと思えるようにつなげていければよいと思う。

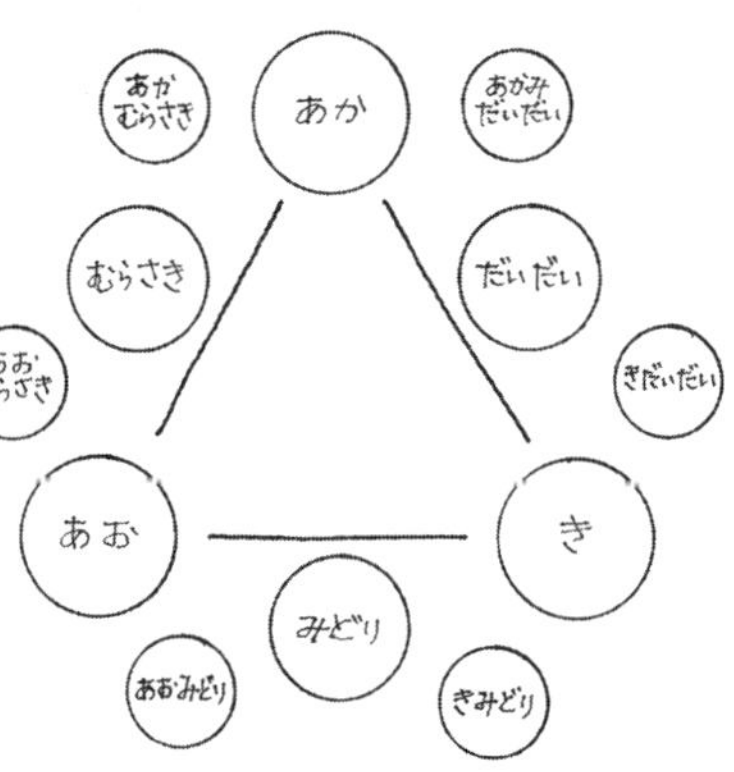

図版 1-8　三原色から作る色相図。この方式（配置）だと色の混色が理解しやすい

16 既成の絵の具は、色が鮮やかになるように化学的に合成されているが、それらを混ぜ合わせて作った色は濁ってしまう。その理由は、赤い絵の具が赤く見えるのは、光が当たって赤い光を反射しているからであるが、赤色に黄色を混ぜると、赤の光は黄色に、黄色の光は赤に吸収され、色を混ぜるほど目に入る光が減ってしまうからである。それが暗く濁って見える原因である。

17 補色とは色みがもっとも違う色どうしのことで、色相環では、いちばん遠くにある色どうしをいう。並置すると互いの色を目立たせる効果がある。補色どうしを混ぜ合わせると黒に近い色になる。

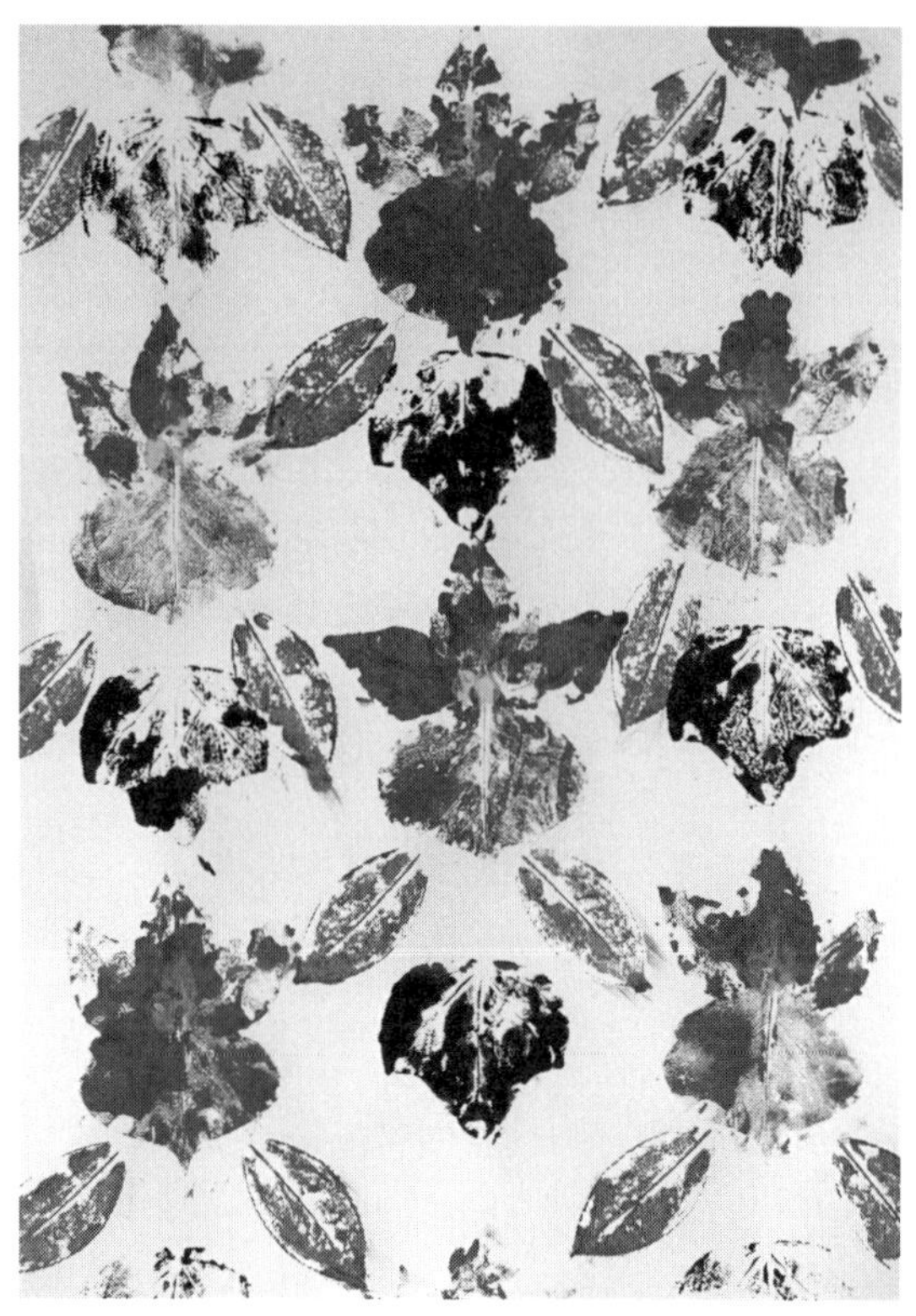

図版 1-9　葉のスタンピングによる花の連続模様
（学生作品）

6 造形指導者の資格

保育者養成に携わっていると、「苦手です」と造形を敬遠する学生に遭遇することが少なくない。筆者は「苦手なことイコール教えることが不適格ではない。むしろ作品のよいところを発見し、賞賛してあげる能力のほうが大切[18]」としきりに唱え、授業をしているが、なかなか十八年間を通して凝り固まってしまった考え方を変えてもらうのは難しい。しかし、なかには、苦手を公言していた学生が、変説し筆者のゼミに入ってくれることもあり、それを励みに、日々、保育者

図版 1-10　真似をして、描くということもあってよい。いつかは真似ばかりでは面白くないと思うであろう

18 制作が上手な保育者の方が、自分の描き方、作り方に従わせようとしてしまう。それより、見る目を持ち、子どもの力を引き出してあげられる保育者でありたい。しかし、保育者が制作の体験を積むことも大切である。そうしないとものを作る楽しさや苦しさがわからず、形式的な指導になってしまうからである。

養成の末端で奮闘している。

造形の指導者とは、けっして技術のみを教える者ではない。むしろ、主意は、造形活動を通して子どもを育むことにある。こうした考え方は、戦後になってフランツ・チゼック[19]やハーバート・リード[20]、ヴィクター・ローウェンフェルド[21]らが改めて称揚され、民間美術教育運動[22]の活動とともに定着していった。

図版 1-11　山本鼎（やまもとかなえ）（上田市立美術館提供）

日本にも山本鼎（一八八二〜一九四六）という人物がいた。彼は現在の愛知県岡崎市に生まれた画家であり、教育者であった。臨画教育[23]が主流であった戦前の教育界に、自由画教育を推し進めた人として、歴史に名をとどめている。その鼎が大正十年に著した『自由畫教育』に「自由画教育は、愛を以て創造を処理する仕事だ。従来のやうな押し込む教育でなくて引き出す教育だ」と述べられている。そして続けて「だから、自由画教育に教師たる資格は、美術界の知識に富んで居る事でも、水彩画が描ける事でもない。唯生徒等の創造を愛する心、それがあればよいのである。」と喝破している[24]。自由画教育を造形教育に、教師を保育者に、生徒を子どもに置き換えて読めば、そのま

19　Franz Cizek（一八六五〜一九四六）。オーストリアの美術教育者。児童中心主義の美術教育を初めて実践した。子どもには子ども独自の表現があることを提唱し、「子どもの美術」と名づけた。児童画の父といわれる。

20　Herbert Read（一八九三〜一九六八）。イギリスの美術批評家。芸術による教育の重要性を説いた。著書に『芸術による教育』がある。

21　Viktor Lowenfeld（一九〇三〜一九六〇）。オーストリア生まれ。アメリカの美術教育者。人間形成における創造活動の発達段階を提唱した。日本の美術教育に与えた影響は大きい。

22　民間美術教育運動とは、戦後民主主義教育を推し進めるなかで、公教育からではなく民間から自発的に起こった美術教育改革活動で、教師・保育者、および専門家（心理学者、評論家、画家）が構成員だった。主な団体には、創造美育協会、造形教育センター、日本教育版画協会、新しい絵の会などがある。これらの運動がもたらした功績には以下のもの（キーワード）がある。「のびのび」「いきいき」「大

ま現代の造形教育においても大切な言説となる。保育者の造形指導は、活動を通して子どもを育むことである。具体的には手本となって造形活動へ誘い、制作を援助する。作品が完成すればそれを受け止め、共感してあげることである。[25]

きく」「創造的」「造形」「遊びの造形」「紙版画」「経験の絵」「観察の絵」「想像の絵」など。

23 手本通りに絵を模写するように指導すること

24 山本鼎『自由畫教育』（15頁）

25 保育的な見方として、目標に対してどれだけ成長したかや、絵から読み取れる子どもの心情を理解してあげることが大切となる。また、作品としての出来具合を見ることに関して、どんなときも「上手にできたね」ですましてしまう人がいるが、通り一遍の受け止めは、その子の作品をしっかり見ることを放棄していることになる。そうしたうわべだけの誠意のない受け止めは逆効果である。一つの方法として、作品の部分に注目した具体的な言葉がけが有効である。例えば、本人の努力が描線に現れているならば「この線、力強く描けたね。それが動きのある絵にしているね」とか、彩色に工夫があるならば「この服の青色が顔とよく合っているね」という具合に。作品に現れている特長をそのまま言葉にするのがコツである。

7 障害児と造形表現

──ある自閉症児の絵を通して

ここでは、発達障害の一つ[26]である自閉症の子どもの絵を通して、障害児の造形活動と発達について考えてみたい。自閉症とは、先天的な脳の機能障害とされ、社会性発達の障害やコミュニケーションの障害、関心や活動の偏りなどがあるとされている。原因もわからず、まして医学的な治療法は確立されていないが、早くからの支援によって、発達を促し、日常生活を円滑に営めるようにすることは可能とされている。保育のなかでは、養護・教育的な援助が中心となる。

掲出した絵（図版1-12〜15）は、四歳児の自閉症と診断された男の子が描いた絵である。三冊のスケッチブックを見せてもらったが、すべて信号機を描いた同様の絵であった。これは、自閉症児の特徴であるこだわりの強さが影響して描かれた絵といえる。こだわりが強いことが、他への興味や関心、考え方の広がりを妨げ、絵のすべてが同じ題材となり、変化が乏しい原因であ

26 発達障害者支援法（二〇〇五）において、発達障害は以下のように定義されている。「自閉症、アスペルガー症候群その他の広汎性発達障害、学習障害、注意欠陥多動性障害その他これに類する脳機能の障害であってその症状が通常低年齢において発現するもの」（二条一項）

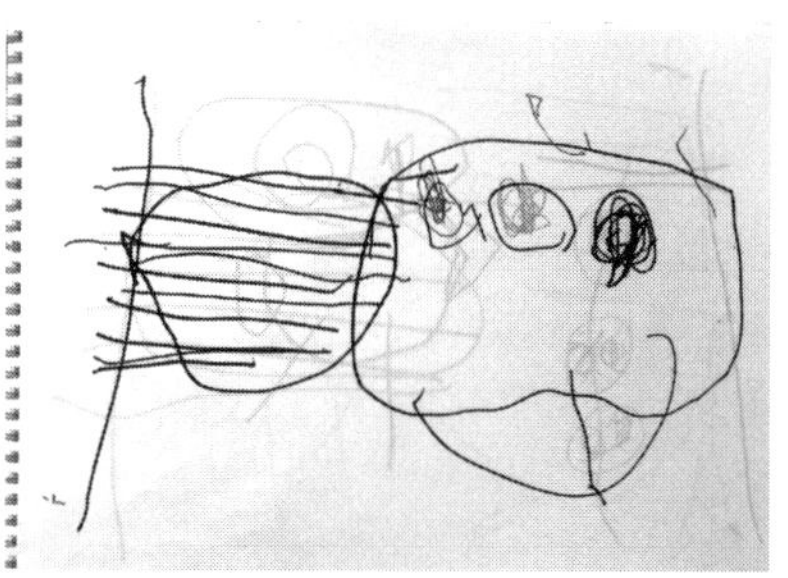
図版 1-14　信号機本体とポールをつなぐ線が多いのが、彼の絵の特徴である。ことにこの絵は線がたくさん描かれている

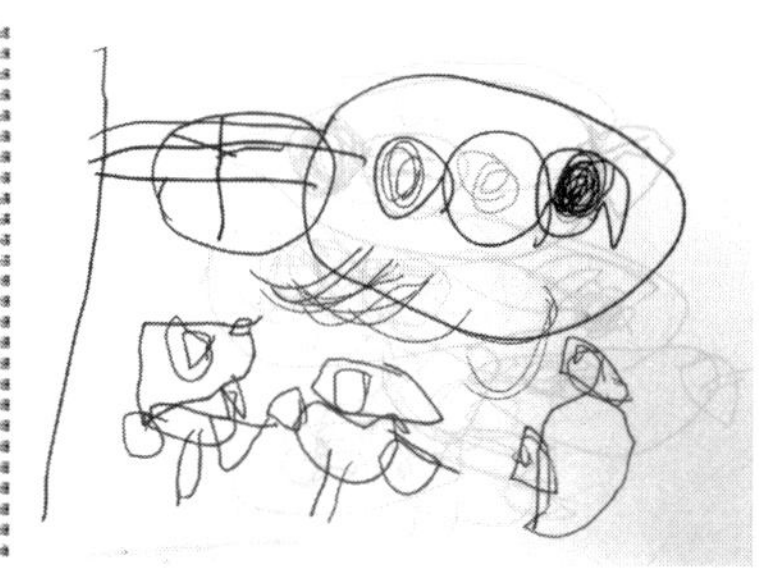
図版 1-12　信号から赤い線が出ている。絵はけっして見たものの形をなぞるだけではない

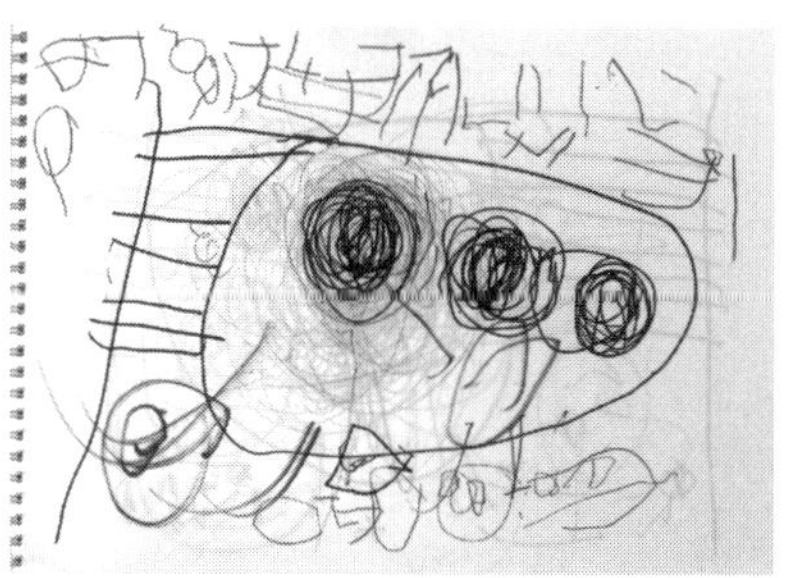
図版 1-15　この絵には信号の周りに、図や文字らしきものが描かれている

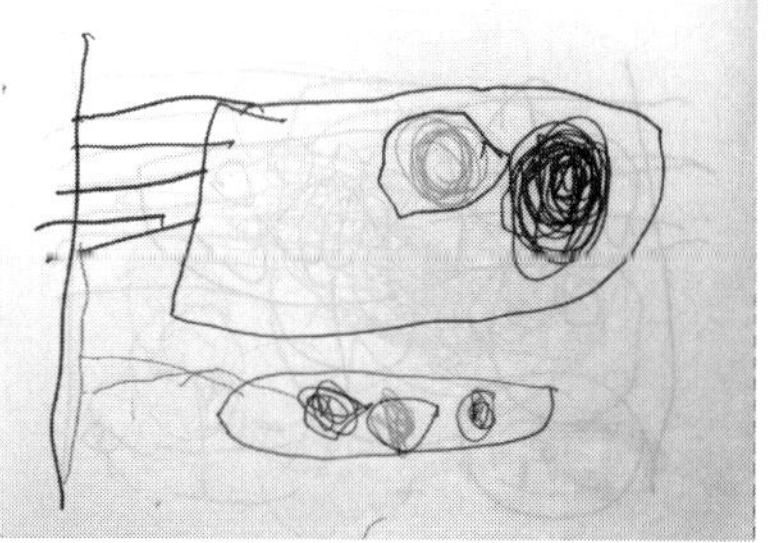
図版 1-13　信号の親子であろうか

ると否定的に見てしまうのは簡単である。そうではなく一つの事の継続が造形的な能力（観察力や描写力）の向上にとどまらず、他の諸能力（物事に対する継続力や忍耐力）の伸長にもつながり、障害の軽減にもなっていると考えられないだろうか。現にそうした成長例も報告されている。[27] だから、大人は、同じ題材でもじっくり取り組むことを見守り、少しの変化にも注目することが大切である。障害の種類あるいは程度によって、すべてに当てはめることはできないかもしれない。そもそも自主的な造形活動が困難な子もいるからだ。保育者に課された責務は、一人ひとり丁寧にかかわっていくこと以外にないであろう。[28]

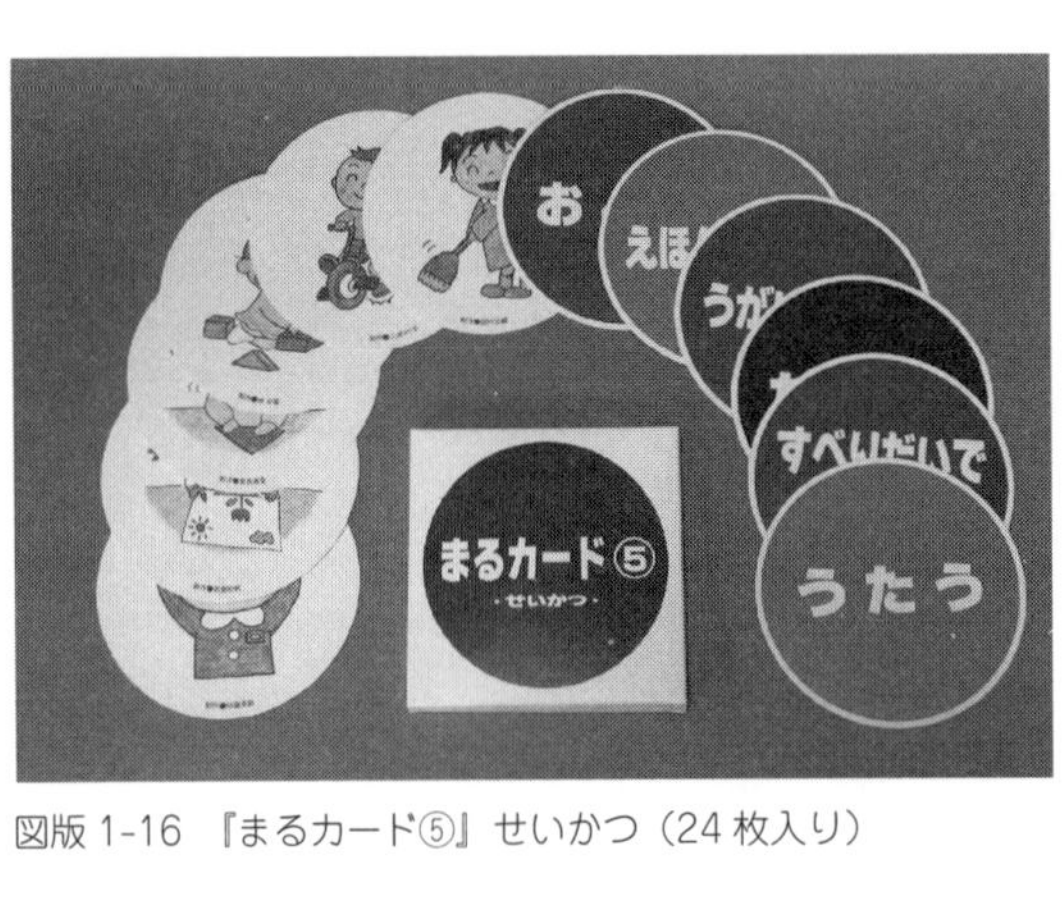

図版 1-16 『まるカード⑤』せいかつ（24 枚入り）

最後に、少し話が変わるが、自閉症の子に関しては、耳で聞くよりも眼で見るほうが認識しやすいという視覚優位性がある。筆者は、保育現場で活用してもらうように「まるカード」（図版1-16～18）というカード集を学生とともに制作し、保育現場に寄付する活動をしていることも記しておく。

27 石川博章「自閉症児の教育（美術教育を通して）」『障害児美術教育演習No.3』（100～103頁）

28 ここでは絵についてばかり言及したが、土粘土の活動も障害児には適している。土粘土のことについては、第4章36話（121頁）を参照してほしい。

図版 1-18　『まるカード⑤』
《くつをしまう（表と裏）》

図版 1-17　『まるカード⑤』
《しずかにする（表と裏）》

第2章　子どもの絵について

8

子どもの絵はおもしろい

K保育園の先生から聞いたお話である。その園では、猫の額ほどの畑で、毎年さつま芋を育てている。夏の間、水やりが子どもたちの仕事だ。収穫は子どもたち全員で、芋づるを取るところから始めた。収穫した芋は給食で出たし、子どもたちで芋餅もつくったそうである。そしてその後は、芋掘りの絵を描いたそうである（図版2-1〜2）。

年長なので、模造紙（B紙[1]）を何枚も貼り合わせて共同制作で描いた。[2]

図版 2-1　子どもたちと比べて、絵の大きさがよくわかる

1　大判の洋紙のことである。愛知県ではB（びー）紙（し）と呼ぶことが多い。

2　年長さんになると、協力し合うこともできるようになり、共同制作も可能になってくる。

保育者のアイデアで、自分たちの姿は別の紙に描き、切り抜いて貼り込んだ。芋掘りの途中で出てきた虫もしっかり描いた。ここからの話は、描いている最中の出来事である。保育者の傍らで芋を描いていたA君。A君の掘った芋はたいそう大きかったそうで、大きく強いストロークで芋を描いていた。そして次の瞬間、先生は「あっ！」と声を出しそうになったそうである。というのもA君のクレヨンが芋を大きくはみ出して人物の上に線を引いてしまったからである。先生は突然のことで、勢い余ってはみ出して、人物の上まで線を描いてしまったと考えたらしい。しかし、そうではなかった。もうおわかりだと思うが、それは芋からのびた芋づるで、A君にとって、芋は芋づるにつながった根が太くなってできたということが大発見だったようで、その大きな芋を手で引き抜いている場面を表現したかったのである。

その後は、こぞってどの子も

図版 2-2　本当の成長は内側からしかでてこない。外から格好のよい結果だけ押し付けて、上辺のつじつまを合わせても少しも子どもの成長にはならない

A君に倣って同じようにつるを描いたことはいうまでもない。また、つるの先には葉っぱを描くことも忘れなかったそうである。先生は改めて子どもの創造力に驚いたとのことであった。やっぱり、子どもの絵はおもしろい。

9
描画が嫌いになる理由

絵を描くことが嫌いな学生に、どうして嫌いになったのか聞いてみたことがある。以下が主な理由である。[3]

・年長の時、友達の絵と自分の絵を比べて、自分は絵が下手だと自覚してから嫌いになった。
・園児の時は自由に描けたが、小学校に入って決められた時間内に、決められたテーマに基づいて描かなければならなくなったから嫌いになった。
・小学生の時、先生に線の描き方、ぬり方を強制されて嫌いになった。
・鉛筆の下描きまでは問題ないが、絵の具で色を塗るとダメになるのでだんだん嫌いになった。

それ以外に次のように答えた学生もいた。「小学生になってから、決まったサイズの紙に、うまく対象物を描き入れることができなくて、嫌いになっ

3 ここでは学生の話から、描くことや作ることが好きになったエピソードも、少し長いが紹介しておきたい。
・母や先生に見せるといつもほめてくれた。今振り返ると、母や先生がほめてくれたり、喜んでくれたりすることがうれしくて、それが自分の造形活動への意欲につながっていたように感じる。
・小学校に入った時には、すでに絵を描くことが苦手だった。（略）六年生の絵を描く会で、学外から指導をする先生がいらしてくださった。「私の夢」というテーマで、私は大好きなスイーツが宇宙に浮き、周りにもたくさんのスイーツを描いた。自分では一生懸命描いたけれど、レベルの

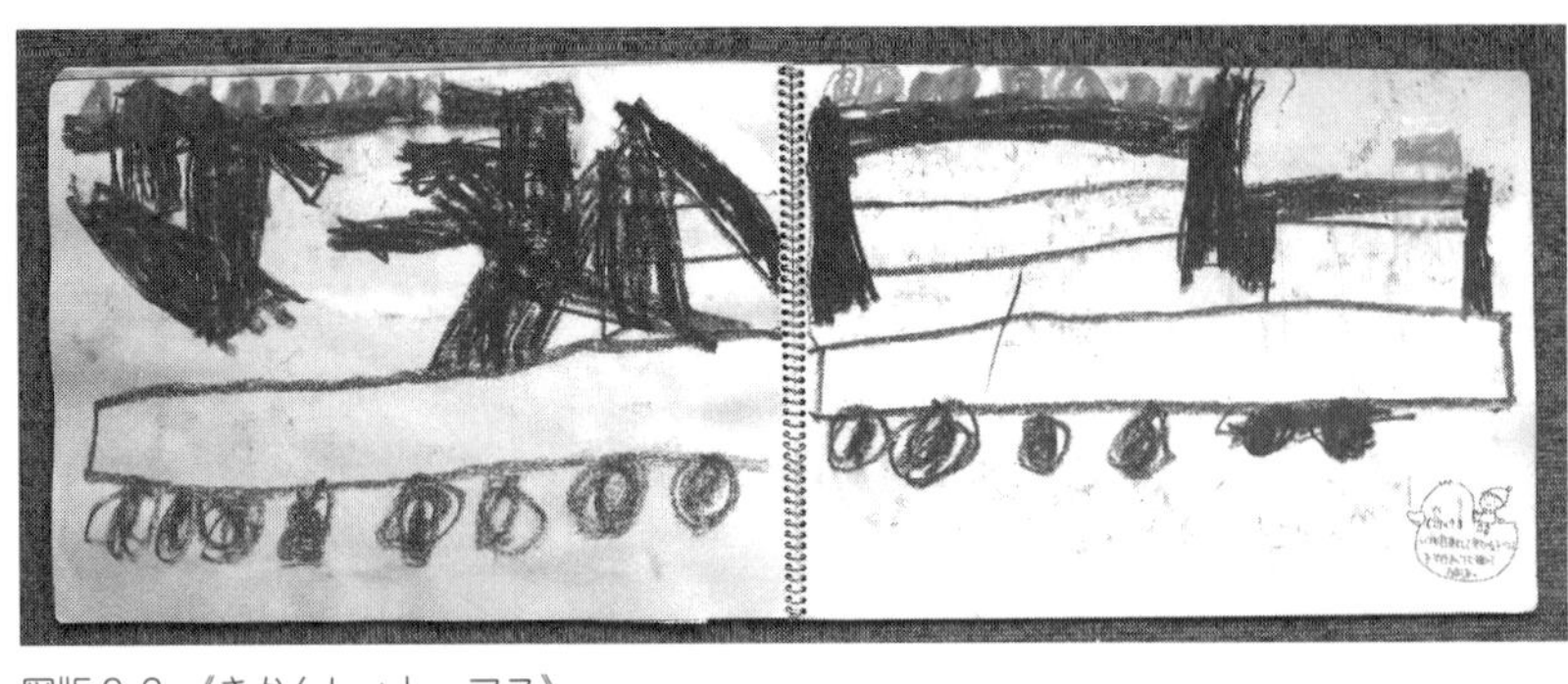

図版 2-3 《きかんしゃトーマス》

てしまった」と。絵が嫌いになる理由はいろいろあるが、筆者自身も、最後の理由のように何回も消しては描き直した経験があり、嫌いにこそならなかったが、この理由で嫌いになる子が出てきても不思議なことではないと思われた。

幼い時は、子どもたちはそうした画面の制約を超越してしまっている。もともと彼らは、それほど紙のサイズに拘泥していないかもしれない。余白が生じてもよいし、紙面がなくなれば、足して描くだけだからである。[4]小学校では、なかなかその様にはできないことも理解できる。しかし、もし画面が足らなくなって、紙を継ぎ足すことができれば、絵が嫌いな子は減るはずである。そうした斟酌は許されるべきではなかろうか。

図版2-3はある園児がいつも遊んでいる機関車トーマスを描いた絵である。機関

低い絵と思っていた。しかしその先生は「あなたはイラストレーターになりそうだね」と言ってくれた。私の絵について初めてプラスの意見を言ってもらったその経験から、よりリアルに描けることもすばらしいけれど、そのような表現ができなくてもどんな絵にもよさがあるということに気づくことができた。それ以来、相変わらず絵は上手くないけれど、これが自分の表現の仕方であり、自分のよさであると思うことができた。

4 紙を継ぎ足す方法を提唱したのは、松本キミ子（一九四〇～二〇二二）である。描き始めの位置から、となりへとなりへと描いていき、その結果、余白ができれば切り取り、足りなければ紙を継ぎ足すという方法（キミ子方式と呼ばれている）。絵が苦手だった自分の息子を指導する過程で考えついた指導法とのことである。

車は横長なので、スケッチブックの片面には収まらず、次のページに描き続けたわけである。周りの大人は、このように子どもたちを援助し、温かく受け入れてあげて欲しい。小学生になっても同じである。絵を描くことは、本来自由な活動である。もし紙を、継ぎ足すことが可能であれば、描画が嫌いにならないばかりか、作品が完成した時の「できた！」という達成感が、自己肯定感[5]を持った子どもを育てる。それができてしまえば、絵が嫌いになるどころか、自主的に絵を描くばかりでなく、自信を持った子に育つのである。

5　自己肯定感とは、自分が自分であって大丈夫という自らのあり方や存在意義を積極的に評価できる感情。

10

子どもはお化けが好き？

世のなかは、「妖怪ウォッチ」の人気が、「ポケモン」を凌ぐ勢いだそうで、その影響から、子どもたちが何もかも妖怪のせいにして大人を困らせているそうだ[6]。ひるがえって、今回の内容は妖怪でこそないが、お化けの少し困った話である。

筆者の授業で、学生自身が幼い頃の絵を持参して、みんなで鑑賞をする機会がある。もちろんあらかじめ子どもの絵の発達や、特徴を講義した後に行う。だから自分たちの絵を使って、学習した理論を実際の絵で確認し、理解を深めることができるという授業である。そして何が困った問題かというと、そうした絵のなかに、タイトルが《お化け》とされた絵が少なからず存在することである。子どもはそんなにお化け好きなのであろうか。

子どもの絵は大人が、本人の話を基にタイトルをつけたり、何が描かれているかメモをしておくことが多い。筆者もこの本のなかで、そうしたことの

---

6 この文章の初出は、二〇一五（平成二十七）年二月で、今とは状況が違うかもしれない。現に、二〇一六（平成二十八）年、ポケモンＧＯというスマートフォンのゲームアプリが大流行し、ポケモン人気が再燃した。

必要性を説いている。[7] しかし、幼い子の絵は、純粋に描くことを楽しんだ絵や、図式的に再現しているのではない絵も多い。そうした絵について何を描いたのか大人が執拗に尋ねると、本人は困って、挙句の果てには何でも「お化け」と答えてしまうことになる。頭足人（とうそくじん）[8]が描けるようになった時期は、特にそういったケースが多いように感じている。例えば、お母さんを描いていたとしても、「お母さん」と答えようものなら、「胴体は？」とか「髪がないじゃない？」と否定され、面倒なことになるのを子どもは知っているからである。「お化け」と返答すればすべて丸く収まるのである。

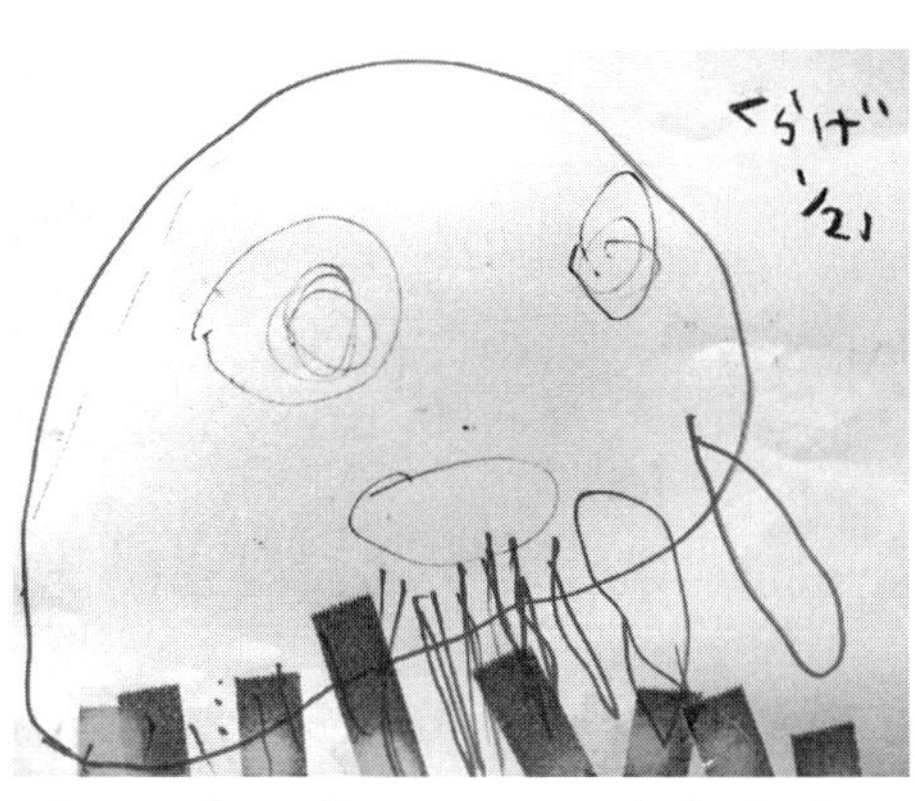

図版 2-4 《くらげ》になってしまった《頭足人》。お化けだけでなくいろいろなものになってしまう

そもそも、お化けとはどんな姿をしているのだろう。実在しないものの形など描けるはずもなく、もし絵があってもそれは人人が考え出したものである。だから、幼い子どもたちが、最初からお化けを自分で描けるはずはなく、大人から、「これ、お化け？」といわれ続けた結果がそうさせているに違いないのである。これがお化けの困った話である。

7 第2章15話（51頁）参照。
8 第3章22話（77頁）参照。

図版 2-5 《パパが酔っぱらっているところ》まるでゆでダコが千鳥足で歩いているように描かれている

11

子どもの絵はコミュニケーション①

——造形活動で育む

子どもたちが描いた絵が欲しくなってしまうことがよくある。それは、芸術家の絵に劣らず素晴らしいと考えているからだと思う。しかし、子どもたちは、大人に気にいってもらうために描いているわけではない。嬉しいこと、悲しいこと、楽しいこと、発見したこと、驚いたことなどの心動か

されたことを描きたいから描くのである。知ったことを、心にしまっておけずに誰かに伝えたくなるのである。だから絵で他の人に、伝えようとするのだ。ではそうした時、周りの大人は、どのように受け入れてあげればよいのであろうか。

子どもたちは、絵が完成すると必ず「できたよ！」と作品を見せにやってくる。そうした時こそ絶好の機会である。子どもたちの表現を、しっかり受け止めてあげたい。感じたり、経験したことを、自分の意志で一生懸命に描いた絵だから、その主体性をしっかり認め、描かれた内容に共感してほしい。大人側が感受性を持っていれば、強く心に響かないわけはない。だからこそ子どもたちの絵が欲しくなるわけである。

この時こそが大人と子どもの交流が深まる瞬間でもある。そしてその後は、もっと多くの自主的な活動へ導いてほしいのである。もし大人が受け止めてあげなければ、表現の手を止め、子どもたちは心を閉ざしてしまうだろう。子どもたちは大人に受け入れられることで、表現することの喜びを知り、自信と誇りをもって自立的に活動し、また一つ成長の階段を登ることができるのである。ここに、絵が媒介となったコミュニケーションがあり、育みがあるのである。

図版 2-6 《ショッピングセンターの駐車場》。子どもにとって絵を描くことは、話すことと変わらない

12

子どもの絵はコミュニケーション②

──絵にはお話がいっぱい詰まっている

恐縮だが、我が家のエピソードを一つ披露したい。息子が、保育園に通っていた時のことである。夕方、迎えに行くと、担任の先生が、微笑みながら近寄っていらして、息子の絵のことを次のようにおっしゃった。「○○くんの絵にはいっぱいお話が詰まっている」と。きっと、先生は息子と絵をはさんで、いろいろと話をされたのであろう。一生

懸命に生きている子どもたちは、内側から、「あれは○○だよ」とか「これは○○だったね」といいたいことが湧き上がってきて、それを作品にする。それを先生はそんな素敵な言葉で表現されたのである。子どもの絵の何たるかを知らなければ、なかなかいえる言葉ではない。その後も先生は、息子の絵について、しばらくお話を続けられた。

幼い子の絵は、ただ見ただけでは理解しにくい。絵が図式化され、一目で描かれた内容がわかるのは、年長ぐらいになるまで待たなければならない。また、大人とは異なったいくつもの子ども独特の画法[9]がある。だから、絵の内容を聞いて理解してくれる人がいることは大切で、子どもにとって、それがなされて初めて絵を描いたことが完結する。十分な言葉を獲得する前の、彼らのコミュニケーション手段でもある。

その後、貼り出してあった件の息子の絵のタイトルを確認すると、《ぼくがカードをママに買ってもらっている間に、お父さんはアンティークを買っている》とあるではないか。先生が嬉しそうに話されたのは、実はお父さんの日常を見ましたよという意味も含まれていたのだとわかって、気恥ずかしい思いをした出来事であった。絵にはお話がいっぱい詰まっている。

9　第3章18～32話（64～108頁）参照。

図版 2-7　子ども独自の個性が輝く時、見る人の心を打つ

13

子どもの絵は コミュニケーション③

——自分とのコミュニケーション

乳児は母親と、表情や喃語[10]、指さしや身ぶりなどでコミュニケーションができる。そして、その後は一語文、二語文[11]と言葉が増え、三歳前後になれば、言葉によるコミュニケーションにも広がりが出てくる。しかし、十分な言葉を使った会話ができるのはもっと後のことである。だから、そうなる以前に、絵が介在するコミュニケーションが生まれてくるというのが、今まで述べてきたことである。幼い子どもたちにとって、絵の力を借りるのは、

---

10 喃語とは、生後四ケ月頃から発せられる「んまんま」「ばぶばぶ」などの発声のことをいう。それ以前に発せられる「あっー」「おぉー」はクーイングと呼ばれ区別される。基本的には意味のない声で、将来発せられる言語音を学んでいるといわれている。

11 一語文とは、一つの単語から成る文で、「まんま」「まま」などである。それに対して二つの語（名詞と動詞）から成る文を二語文という。「まんま　ちょうだい」「まま　ねんね」である。

思いを表現するのによい方法だからである。しかし、今回中し上げたいのはそれではなく、絵を描く行為そのものとしてのコミュニケーションである。

子どもは、絵を他者のために描いているのではなく、自分のために描いている。そしてその行為自体が自分とコミュニケーションをしている場合がある。子どもの絵のなかには、内容のわからない描画がある。極端な例だが、もしかしたら本人自身も自覚しておらず、わからないまま衝動的に描いている場合もあるであろう。それは悲しくて悲しくて仕方なかったり、やっとの思いで達成できて嬉しかったりと、子どもたちの日常のいろいろな思いがやむにやまれず描かせるのである。つまり心のなかの葛藤や興奮を解決するために、描くという代替行為によって心を静めるのである。そこには「自己受容」や「癒し」が存在するのだと思う。こうした描くこと自体が、自分とのコミュニケーションになることがあるのだ。これは描画が好きな子に多い現象かもしれない。そうした自己とのコミュニケーションとしての絵が存在するということを、保育者を目指す人や親には知っておいてほしい。

14

子どもの絵はコミュニケーション④

——絵手紙はダイレクトなメッセージ

保育実習を終えて、大学に戻ってきた学生が、「先生、見て、見て」といって、小さな紙片を持ってくることがある。実習中に子どもからもらった絵手紙である。親しいかかわりができると園児がプレゼントしてくれるのだ。これは何も実習生に限ったことではなく、大好きな担当の保育者や、両親にも、日常生活で子どもたちは描いてくれる。

そこには、覚えたてのひらがなで、「○○せんせいだいすき」とか「わすれないでね。

図版 2-8　折って手渡されたので折り目がついており、また画鋲で壁に留めていたので穴が開いている

〇〇より」と書いてある。鏡文字[12]が混じっていたりすると、いとしさも倍増する。また、お気に入りのシールが貼ってあったり、スタンプが押してあったりすることもある。そして何よりも、大好きな人やものが描かれている。それはあげる人への感謝であり、好きという意味でもある。子どもたちは文よりも、まだ絵に気持ちを込めて描くことが多く、まさに赤裸々なメッセージである。

真面目に保育を学んだ保育者ほど、大きな画用紙に描かれた絵を評価しがちである。しかし、それだけではいけないと思う。こうしたつぶやきの様な小さな絵も大切にしなければならない。保育の世界では、造形を表現という領域に入れている。こうした絵手紙によるコミュニケーションは、まさに表現に他ならない。筆者の知っている保育者は、子どもたちからもらった絵手

図版 2-9　絵・文章とともにスタンプが押され、シールも貼られている

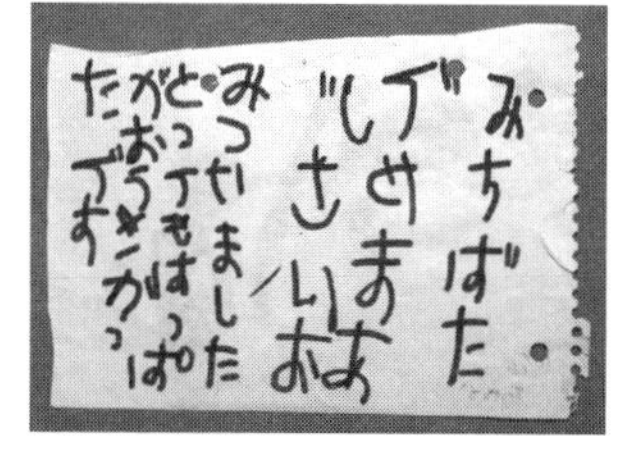

12　鏡文字とは、鏡に映ったように左右を反転させた文字のこと。左の写真図版（「みちばたでやまあじさいおみつけましたとってもはっぱがおうきかったです」）では「で」「や」「じ」「け」「て」「き」「で」が反転したり、濁点の位置が逆転したりして鏡文字になっている。字を覚え始めた頃に見られる現象である。原因は、脳が発達していない幼児はイメージをそのまま書くとか、左右の関係把握ができていないといわれるが、多くは自然になおっていくので、特に心配することはない。

図版 2-10　保育室に飾られた子どもたちからの絵手紙

紙を必ず保育室の自分の机脇の壁に掲示している（図版2－10）。子どもたちを受け止めていることをきちんと形で示しているのだ。保育造形の目的が、造形活動を通して子どもの育ちを支えていくことなのだから、こうした活動をこそ見守り、受け止めていかなくてはならない。保育者が子どもの造形活動を見逃すと、その子が喜ぶことを一つ減らすだけでなく、その子どもの成長を遅らすことになるのである。とはいっても、理屈抜きでこうした絵手紙をもらえることは、何より嬉しいことである。

図版2-11《ドッジボールをしていて、ちひろちゃんがあたりそうになったから「よけて！」と、おしえてあげてるところ》

15

子どもの絵はコミュニケーション⑤

――絵には文章式のタイトル、または説明を添えて

《ドッジボールをしていて、ちひろちゃんがあたりそうになったから「よけて！」と、おしえてあげてるところ》。

これは、年長児が、園で描いた絵のタイトルである（図版2-11）。このタイトルによって、絵の内容がよくわかる。

なるほど絵の右端には吹き出しが描かれ、なかに発した言葉らしきものが書き込んである。もちろん、これは本人が喋った言葉を保育者が聞きとってタイトルにしたものであるが、単に「ドッジボール」とはせず、文章式でタイトルにした保育者さんに拍手喝采したい。このように子どもたちの絵には、必ず文章でタイトルをつけるか、説明を添えるとよい[13]。

保育の現場では、どんな小さな絵でも、その子の大切な表現と考え、保育者たちはファイルに綴じ[14]、作品集として年度末に返却してくれる（図版2-12）。子どもの絵はコミュニケーションなので、持ち帰った後、絵を介して親子で会話をしてほしいのだが、ややもすると、そのまましまってしまいがちである。なぜであろうか。一つには子どもの絵は、見ただけでどんな時の何の絵か、どういう思いで描いたのか、判読が難しいからである。本人も思い出せないことがしばしばあるのだ。だから、後になって話をしようにもお手上げの場合が多いのである。そこで、絵を描いた時に傍らにいた大人が、本人と話して、文章でタイトルをつけたり、状況を説明文にするとよいのである。「発表会」ではなく、「トライアングルの練習をいっぱいやったから、発表会うまくいったよ」であれば、何の絵かだけでなく、本人のその時の心の動きや、

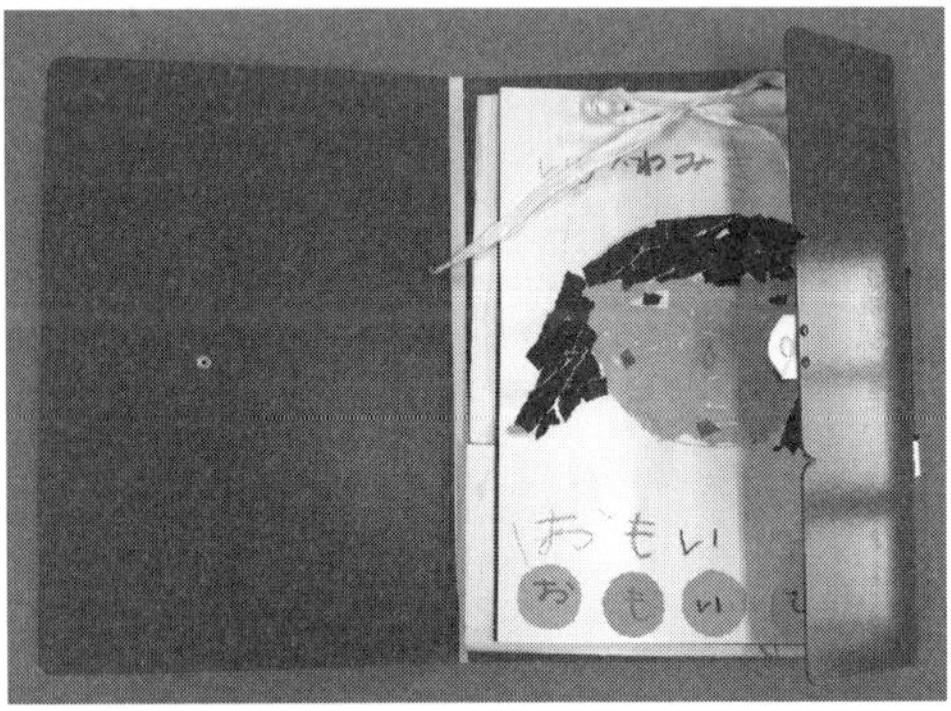

図版 2-12　作品集（1 年間に描いた絵をファイルに綴じてある）

13 あまりしつこく聞いてはいけないという研究者もいる。それは子どもたちに反省意識を促すからという主張である。第2章10話（40頁）に書いたようなことも起こるので注意が必要である。

14 一枚の作品を見ただけではわからないが、その子の作品を何枚も見ると心の動きや発達を知ることができる。保育者は、これを保育に活用すべきである。また、本人にとっても自分は、どのように成長し、どう育てられてきたのかの大切な記録となる。大げさかもしれないが、自分が子育てする時の知恵袋にもなる。綴じてあれば、バラバラにならず、家庭でもずっと保存できる。

周りの状況なども、絵との相乗効果でよく伝わってくる。[15] 子どもたちが描いた感動、発見、感謝などを、わかるようにしておきたいのである。そうすれば子どもの思いを十分に受けとめることができ、そのまま、押し入れにしまわれる確率も減ると思う。

15　タイトル以外には、日付等の情報も記しておくとよい。また、余裕があれば、コメントも添えてあげたい。

16

ぬりえの功罪

功罪などというと大げさかもしれない。楽しくぬれればよいと、そんな声も聞こえてきそうだ。また、昨今では、大人向きのぬりえが多く発売されて、たいそう流行っているようである。ストレス社会のなかで癒し効果を求めての現象であろうか。今回は、保育や教育におけるぬりえのことについて書いてみたい。

保育の場で、ぬりえは取り入れられている。しかし、保育内容や教育のカリキュラムとして、正式にぬりえが位

図版 2-13　ぬりえ（3 歳 11 ヶ月　男の子）

置づけられたことはほとんどなかった。それは、ぬりえが決まった図柄に色をぬるだけであり、創造力が育まれないと考えられてきたからである。[16]筆者もそういった面があることは否めないと思っている。しかし、発達途上にある子どもたちにとって、まったくぬりえは意味がないのであろうか。いや必ずしもそうばかりではあるまい。

例えば、描画材を持ち始めた子のなかには、白い紙より、図柄が決まっているぬりえを好む子がいるかもしれない。そして、その子はぬりえがきっかけとなって絵を描くことに興味を持つかもしれない。または、根気強く色をぬり続けることが、集中力を育み、達成感を生み、他へのよい波及効果があるかもしれない。だから、教育・保育の場から、ぬりえをまったく駆逐してしまう必要はないと感じている。

ここに一枚のぬりえがある（図版2-14）。五歳の女の子が園で用意されていた原画にぬったものである。幼いかわいい鬼が、眉をひそめて首を横に振っている図柄で

図版2-14　ぬりえ（5歳　女の子）

16 日本で大きな影響力を与えてきたローウェンフェルドは、著書（『子どもの絵』39頁）のなかで、「ぬりえをぬった子どもの半数以上が創造力、表現の自主性を失い、融通のきかない依存心の強い子どもになってしまいました」とぬりえのことを一刀両断に切り捨てているので、その影響が今なお続いていると考えられる。

ある。嫌いな魚と野菜が食事に出され、舌を出して拒絶しているところであろうか。

何もぬりえはすべて決まった色をぬるようになっているのではない。ぬりえにも自分で色を選ぶことができる部分がある。例えば、この絵でいえば鬼の角は何色でぬってもよい。一方、通常は概念色[17]をぬる部分もある。この絵でいうとトマトや葉野菜である。通常トマトは赤色で、葉野菜は緑色をぬることになる。五歳ぐらいになれば色のことを理解し、そうしたことが可能になってくる。

そして、ここで注目していただきたいのはこの子は普通なら概念色をぬるべきところに、一か所だけ違う色をぬっていることである、それは、舌を赤色ではなく紫色でぬっていることだ。筆者はここに彼女の創造的な表現があるように思っている。嫌いな食事を拒否する鬼を表現するのに、出した舌を赤でなく紫でぬったのである。ともすると見過ごしてしまいかねない小さな表現であるが、周りの大人は、それに気づき認めてあげることが肝要になってくる。

また、このぬりえには、もう一つ注目してほしい部分がある。それは鬼が向いている先に、星を描き足していることである（輪郭線がないのでそれとわかる）。詳細は本人に聞いてみないとわからないが、ここにも彼女の創造が存在している。

17 第1章5話（21頁）

こうした例のように、ぬりえにおいても、創造的な活動が期待できる場合もある。保育の造形では、今まで「描く」ことばかりが論じられてきたが、「ぬる」ということにも、もう少し目を向けなければならないのかもしれない。

また、最近では、ＩＣＴ環境の進歩で各園や家庭で簡単にプリントアウトでき、手軽に取り組めるだけでなく、いろいろなアプリまで開発されており、ぬりえを使った多様な遊びができるようになっている。

さて読者の皆さんは、ぬりえのことをどの様にお考えになるであろうか。

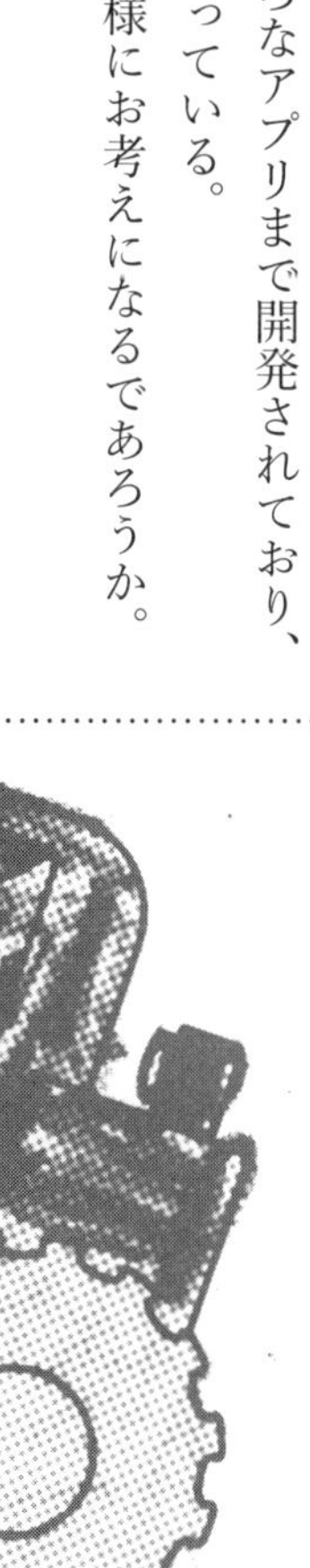

17
男の子の絵と女の子の絵の表現傾向

男女平等の時代に、男の子と女の子の作品の違いを、わざわざあげつらっても、読者の不興を買うだけかもしれない。しかし、造形教育の歴史において、年齢差による表現傾向とともに、性差による傾向が研究されたことも事実である。そして、指導者を目指す人であれば、そうした違いを認識しておくことは、あながち意味のないことでもあるまい。今回は、その点について触れてみたい。

子どもたちは年中ぐらいになると、性別を意識し始める。特に造形の分野では子どもによっては、男色とか女色といって色を選び描く子もいる。次頁の図表2−1は、そうした男女の表現傾向を皆本二三江さんの研究成果[18]をもとに、筆者が簡潔にまとめたものである。なぜ男の子と女の子の絵に違う傾向があるのか、その理由については諸説あるが、確定的なことはまだわかっていない。さて、皆さんはどんなことを思われるであろうか。

18 皆本二三江編著『0歳からの表現・造形』（56頁）

図表2-1　男の子と女の子の絵の表現傾向

	男の子	女の子
題材	・人工物（電車、車、飛行機など）が多い。 ・強いもの、大きいもの志向（ヒーロー、怪獣など）。	・自然（動物、植物など）が多い。 ・かわいいもの、小さいもの志向。 ・すべてのものを等価に考える。[19] ・自分と家族と友だちが描かれる。 ・場面は庭などの屋外（楽園的）であることが多い。
色	・色数が少ない。 ・無彩色および赤などの原色を使う。	・色彩に強い関心がある（色数が多い）。 ・中間色が多く、各色を平均的に使う。[20]
他の特性	・動きがある。 ・線と形に関心がある。 ・リアリティを求める（装飾がない）。 ・かっこよさを求める。 ・実体験の再現。	・装飾欲求が強い。 ・非現実的である。 ・きれいさを求める。

19　例えば、人間も虫も同等の生物と考え優劣をつけないということ。画面の中では、それぞれがほぼ同じ大きさで描かれ、分散して配置されている。

20　例として、図版2-17、18の星や花は、クレヨンを可能な限り多く使って描いている。女の子にはこうしたたくさんの色を楽しむがごとき表現がある（第1章5話図版1-7（22頁）も同様）。

図版 2-15　男の子の絵

図版 2-16　男の子の絵

図版 2-17　女の子の絵

図版 2-18　女の子の絵

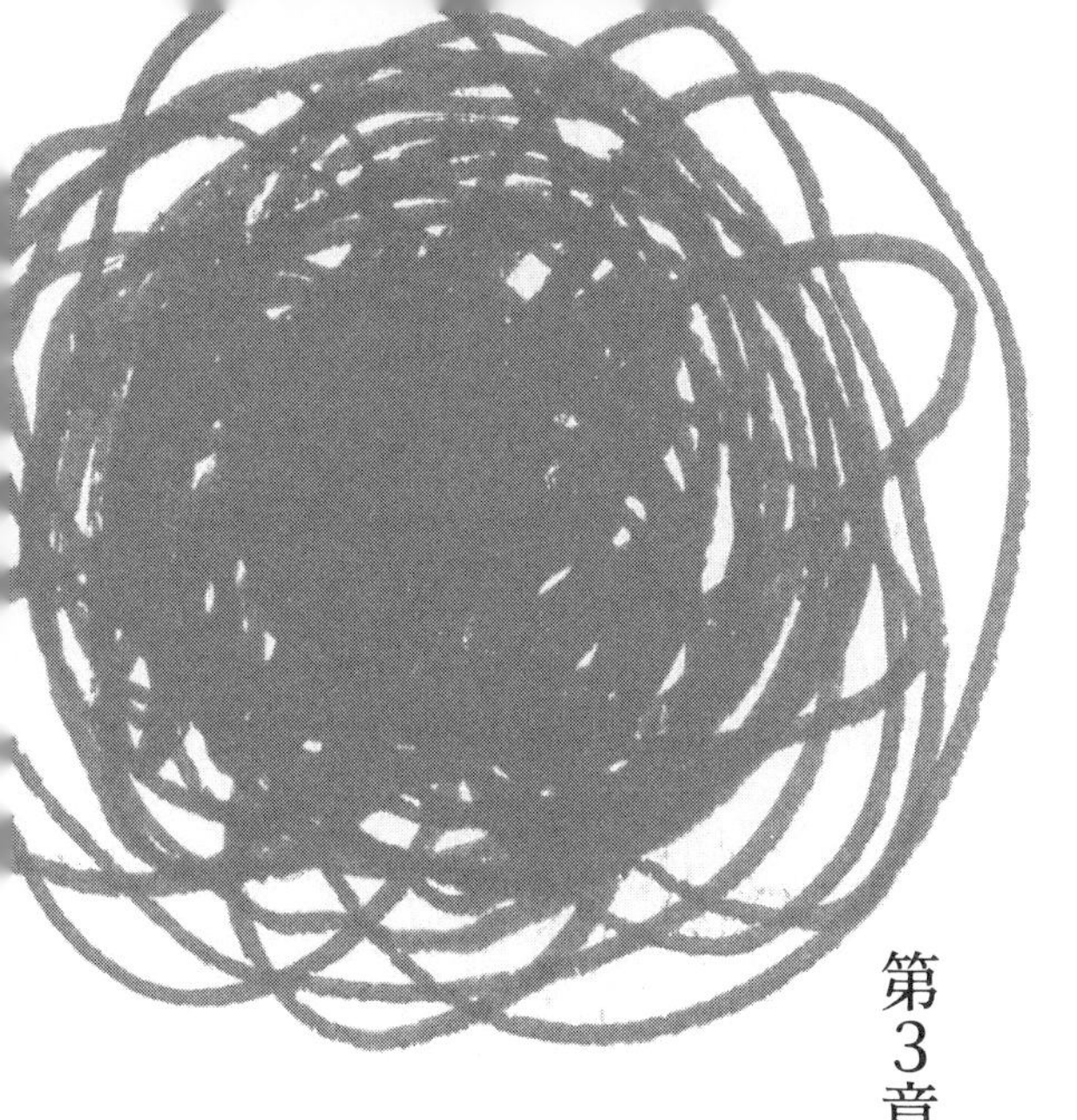

第3章　子どもの絵の発達について

18

年齢ごとの活動を豊かに

子どもの造形能力は、心身（認知機能、運動機能、感情や感性）の発達と関連している。また、生得的な要素や、生育環境にも影響を受けながら発達するので、発達の速い遅いの個人差が生じる。だから、指導をしなくても自然と発達していくということではない。まして発達は、それぞれの段階を行きつ戻りつしながら徐々に達成していくのであるから、発達をよく理解した上で、大人からの適切な働きかけや援助が必要であり、それがあって初めて、発達が促されていくのである。その大切さは強調しておきたい。

子どもの絵の発達において、一人の子どもが描いてきたたくさんの絵を、時系列に並べて見るという機会はあまりないかもしれない。しかしそうすることによって、その子の絵の発達を見ることが可能である。子どもの絵の発達における原則として、どの子も同じ発達の道筋をたどることが知られている（図表3–1）。それは世界中の子どもたちすべてに共通していることで、ロ

図版 3-1　完成した作品の間を通って

ーダ・ケロッグ[1]が、百万枚に及ぶ子どもの絵の分析から明らかにしたことである。また、子どもの絵には、共通した独特の画法や表現があることも指摘できる。

また、他の発達と同じように、造形表現の発達においても各段階に乗り越えるべき課題があるとされている。それを成し遂げていないと、次の段階におけるより高度な課題を達成することはできない。大人から見ると子どもは何度も同じ様なものを描いたり、つくったりすることがある。ましてや初めての素材や道具を使う時や、初めて行う活動においてはなおさらである。

1 Rhoda Kellogg（一八九八〜一九八七）。アメリカの教育者、子どもの絵研究者。アメリカの子どもの絵だけでなく、三十ヶ国に及ぶ国から子どもの絵を収集し、分析した。

図表3−1　東山明・東山直美の作成した発達段階（『子どもの絵は何を語るか』ＮＨＫブックス　一九九九年37頁）。をもとに筆者が加筆等をしている。年齢は個人差があるので、おおよその目安である。

年齢	呼称	特徴、その他
1歳半～2歳頃	スクリブル（なぐりがき）期〔錯画期〕	①最初は、点や短い線を描く。その後、だんだんと制御された円や渦巻きを描くようになる ②徐々に手首だけでなく、腕全体を使い線を自在に描くようになる。
2歳半～4歳半頃	象徴期〔命名期（または意味づけ期）から前図式期〕	①円や渦巻きを描き、命名（意味づけ）をする ②象徴的な形から、頭足人やその他のものが描かれる。 ③描くことが意識的な活動になってくる。しかし、物理的な関係（大小の区別、遠近の関係）はまだ描けない（カタログ画）。 ④描く対象とは関係のない好みの色を使う。
4歳半～8歳頃	図式期	①人・花・木・家などを絵記号的に描き、概念的な絵（概念画）を描く。 ②色は概念色（肌はうすだいだい色、髪は黒色など）を使うようになる。 ③基底線、空が現れ、画面上に空間の設定（図式）ができる。 ④多視点画法、展開図法、十字型表現、レントゲン画法、アニミズムの擬人化表現、強調表現、情緒的価値による比例表現、異時間・異空間の同存表現など、子ども独特の表現方法で絵を描く。 ⑤男の子は人工物や強いものなどの闘争的な題材、女の子は自然物や小さいものなど平和的な題材の絵を描く傾向がある。

8歳〜11歳頃	11歳〜14歳頃	14歳〜18歳頃
前写実期	写実期	完成期
①羅列的な表現から、重なり（重なりの表現）や奥行き、遠近などの空間的表現ができるようになる。 ②色は固有色を使うようになる。 ③図式的表現傾向から写実的表現傾向へ移行する。 ④細部は忠実に描くが、全体的なバランスが悪い。	①観察力が増し、客観的で写実的な表現ができるようになる。 ②明暗や立体感、空間や質感、量感などが表せるようになる。 ③計画的に作業ができる。 ④鑑賞する力（同調や批判）が育つ。	①客観的描写力が高まり、技術的にも精巧になる。 ②芸術に目ざめ、外形の美だけでなく、内面的な心情や思想的な美も理解できる。 ③抽象性や思想性、社会性などの深まりのある思考、表現ができる。

繰り返し行うことは大人にとっては無駄に見えることかもしれないが、子どもたちにとっては必要な体験なのである。繰り返し取り組むことによって自らのものにすることを目指しているのである。よって、大人は各段階における活動が等しく価値のあるものという認識を持ち、年齢ごとの段階におけ

る造形活動を子どもたちに、豊かに十分に行ってもらうことが大切である。

現代の子どもは、体を使って何かをするという直接体験の不足が指摘されている。だから、各育ちの段階において、手や体を動かして、知恵や感性を働かせて、問題を解決しながら、造形活動を行っていく経験が必要である。そうすることによって経験を内面化し、主体性や創造性が培われ、豊かな感性が育まれることには疑いを容れない。大人側から子どもに寄り添い、発達に見合った適切な援助、支援を行い、表現を受け止める姿勢が不可欠である。

次の19話からは、子どもの発達過程にみられる子どもの独自の表現や子

図版 3-2　紙をたくさんつなげて、止まるところを知りません。二人の頭のなかには、どんなストーリーが繰り広げられているのだろうか

どもらしい発想などを、発達とのかかわりを見ながら、一つひとつ細かくみていきたい（なお、本書は保育者養成を主としているので、前写実期以降の詳細に関しては割愛させていただく）。

19

子どもが初めて描く絵（スクリブル[2]）

――スクリブル期

紙と鉛筆を手元に用意してください。まずは鉛筆を持ち、目を閉じてもらって、その紙に、フリーハンドで半径五センチ程度の円を描いてほしい。但し、必ず端と端をつなげて閉じた円にしてください。――いかがだろうか。なんとか円は描けたけれども、完全に閉じた円となると、難しかったのではなかろうか。なぜこんなことをお願いしたかというと、一つの円を描くのにも、人間は多くの機能を使って描くということをわかっていただきたかったからである。そもそも鉛筆が持てなければならないし、指や手首や腕の関節を上手に連動させなければならない。また、筆圧の調整も必要になってくるし、目で見た情報を頭に伝え、それをまた手に伝えなければ、閉じた円一つ描くこともおぼつかない。

一歳半を過ぎれば子どもはクレヨンを持てるようになる。そしてどんどん描き始める。図版3-3はMちゃんの一歳八ヶ月の時の描画である。筆圧の

2　スクリブルを日本語では「なぐりがき」と訳しているが「乱画」「錯画」「ぬたくり」とも呼ばれている。

図版 3-3　1 歳 8 ヶ月（女の子）

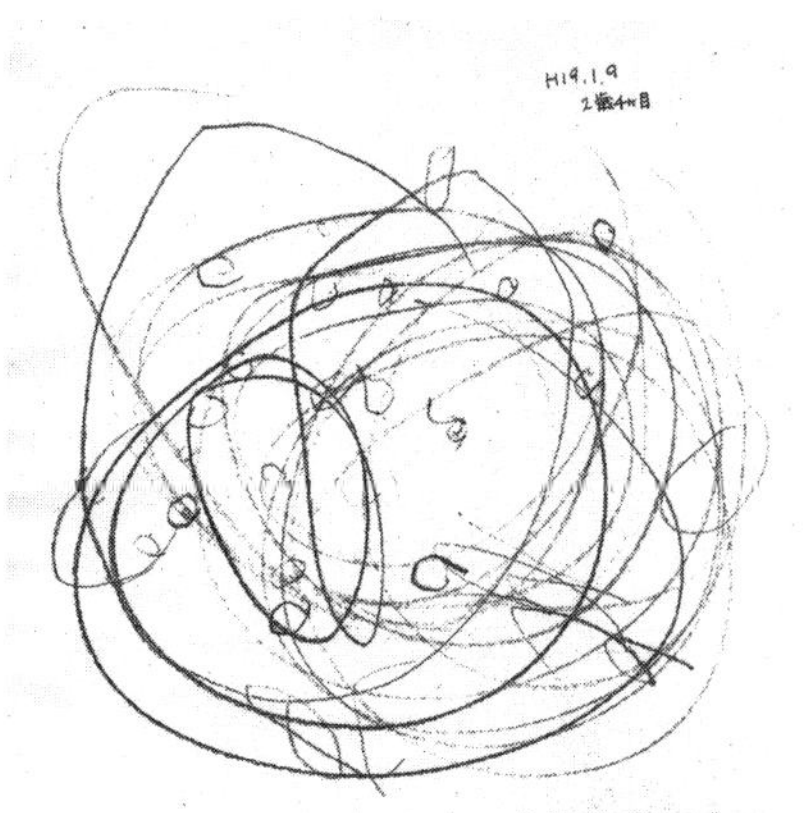

図版 3-4　2 歳 4 ヶ月（女の子）

調整もおぼつかなく、線も安定せず、紙からはみ出している部分もある。これはいわば手の動きの痕跡、あるいは遊びとして描いたもっとも初期の絵である。次の図版3-4は、同じ子が、二歳四ヶ月の時に描いた絵で、ほんの数ヶ月後であるが、目と手と頭の協働によって、筆圧をコントロールし、はみ出さないばかりか、小さい円から大きい渦巻きまで、いくつもの円形を自在に描いている。短期間に大きく変化している様子がわかっていただけると思う。こうした子どもたちが初めて描く絵をスクリブルとよんでいる。そして、この時期をスクリブル期と称している。スクリブル期は三つの段階に分けることができる。図版3-3のような最初のものを「無秩序なスクリブル」、図版3-4のような2番目に登場してくるものを「制御されたスクリブル」とよんでいる。

図版 3-5　絵を描くことは心を満たしてくれる

20

スクリブルは紙のムダ？

前話では、子どもが初めて描く絵である「スクリブル」についてお話ししました。そしてこの「スクリブル」という名前は、概念の受容の過程で「なぐりがき」という日本語に訳されたのだが、筆者はあまりよい名称ではないと考えている。その理由はただ乱暴に、意味なく描いているというイメージが、どうしてもつきまとうからである。加えて、お父さんやお母さんは、なぐりがきをしている時に机や床を汚されでもしたらたま

らないという思いばかりが先に立ってしまいがちで、だから、十分な活動を許さずに、その時期が過ぎてしまいがちである。また、こうした絵について、保育者ですらあまり意味を見いだしていないということを耳にしたことがある。スクリブルを描くのは、紙のムダであるといわんばかりの話である。しかしそれはとんでもない誤解である。前々話で述べたように各段階における活動は、十分に取り組んでもらうことが大切である。

この活動では、子どもが今、初めて自分の手でものをつくり出すことにかかわっているのである。[3]人生は、外界に働きかけ、ものをつくっていく繰り返しではなかったか。[4]今この子は、それを初めて自分の力で取り組んでいるのである。大人は、温かい目で見守ってあげてほしい。また、こうした描画の積み重ねは、次の段階への準備をしているのである。たくさん描くことは、質的な発達への前段階として欠くべからざる活動なのである。どんなスポーツでも基礎が十分に習得されていないと飛躍が望めないのと同様である。また、子どもたちにとって、描きたいものを描けないというのは、心の発育にも悪いということは想像していただけると思う。大人も、思いどおりにいかないことがあればストレスがたまることと同じである。ぜひ、園においても、ご家庭においても、十分に環境を調えて、思う存分に描かせてあげてください。

3 人間に最も近い類人猿のチンパンジーの描画活動においては、いろいろな実験がされてきたそうだ。線などは描けるようだが、それ以上、例えば完全な円を描いたという確かな報告はまだされていないようである。だから、この時期から人間には創造力が芽吹いていることを考え合わせるとすごいことである。

4 はじめに、第1章1、2話（6～14頁）

21
命名されたスクリブル
——象徴期（命名期）

引き続きスクリブルのお話である。今回は、スクリブルのなかでも、最後に現れてくるスクリブルのことをお話ししたい。

まずは、絵（図版3-6）を見てください。19話（70頁）で紹介したMちゃんが、先の絵から一ヶ月後、彼女が二歳五ヶ月の時に描いた絵である。一目見ただけでは前回の絵とさほど変わらないと思われたかもしれないが、実は決定的に違うことがある。それは、この絵にはタイトルがつけられていることである。それは《お花畑とMちゃん》（本人から母

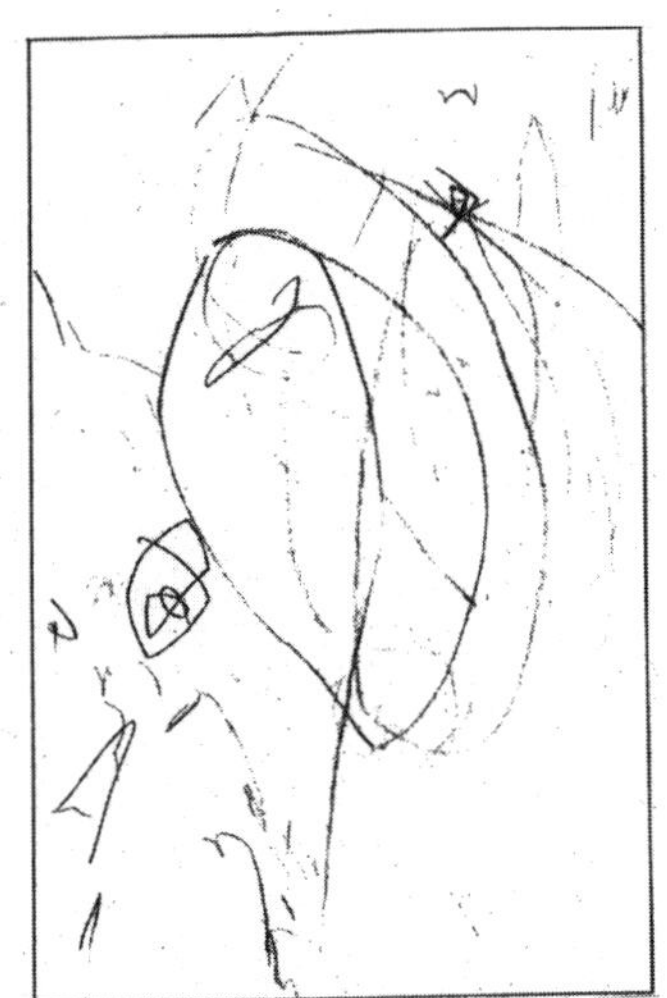

図版3-6 《お花畑とMちゃん》2歳5ヶ月（女の子）

親が聴き取ってつけたもの）というものである。

この時期の絵は、見ただけで何が描かれているのか依然として大人にはわからない絵であるが、作者（Mちゃん）にとってはそうではない。どれが自分でどれがお花かがはっきりしているのである。こうした絵のことを「命名されたスクリブル（意味づけられたスクリブル）」とよぶ。閉じられた円などにイメージを託し、命名するのだ。けれども、最初のうちは、まだイメージが錯綜するらしく、「お花」と答えていたものが、しばらくして聴くと「ちょうちょ」と別のものに変わっていたりすることがある。

円形などが自在に描けるようになってくると、記憶のイメージと言葉とそれらの図柄が結びつくのである。円形などの閉じられた形を我われ大人は一つの存在物と見なす。それは子どもも同じで、その円にさまざまなイメージを託すのである。[5] 手の運動の軌跡として始まった子どもの絵であるが、二歳半を過ぎる頃からは、言語を獲得していくにともなって、描くことも意識的な活動に進展していくのである。

5 単純な一重の円ではなく、時々、同心円を幾重にも描いたり、円から線がのばされたりすることがある。これは、動きや動作を表していることが多い。例えば、円が自分としたら、「今、お花を取っているの」という具合である。

図版 3-7　子どもたちが両親に抱かれている

22

頭足人[6]は頭と足の人ではない

――象徴期（前図式期）

頭足人とは、子どもたちが描く初期の人物表現である（図版3-7〜11）。円から線がのびている図柄なので、頭足類[7]に見立ててそのようにいい慣わしてきた。

三歳を過ぎると、閉じた円が描けるようになるばかりでなく、感情が豊かになり、社会性（家族や友だち、保育者など周りの人への関心）が発達し、あわせて言葉数も多くなってくる。そうしたことを基礎にして、いろいろなイメージが結びつき、人物画を活発に描く。

6　形から、「おたまじゃくし」と呼ばれる場合もある。

7　頭足類とは、タコやイカなどのこと。本書では、頭足人という名称にしているが、ある研究者は、胴も含んでいるから頭胴足人と呼ぼうと提唱している。しかし、本来「頭足類に似た人物画」という意味での命名だったのではないかと思う。

図版 3-8《まなちゃん、てっちゃん、ゆうなちゃん、りょうちゃんと積み木で遊んでいる》

誰に強いられることもなく、熱心に描く。そうした自発的な活動こそが、成長へのステップとなる。自分の思いを表現した絵を描くようになったら、大人は喜ばなくてはならない。

しかし、ここで留意しておきたいことは、この段階の人物像はあくまで象徴的な表現で、けっして人間を頭と足だけで描いているのではないことである。[8] 筆者も知人の子どもに図版3-9の絵を実験的に描いてもらった。タイトルは《ポケットのいっぱいついた服を着たお母さん》である。口の下、周辺に描かれている十二の丸がポケットである。この結果からも、この段階では身体全体を円を使って象徴的に表現していると考えられるのである。また、図版3-10、11は、もう少し年齢が大きくなった子どもの絵である。依然として頭足人が描かれているが、何らかの付け足し表現（水着が描かれたり、体についた泡が描かれたり）

8 子どもがなぜ、頭足人のような円とそこからのびる直線で人を表現するかについては、前段階に円で人を象徴的に表したことを考えれば合点がいく。そこに、必要に応じて線（手足）や目や口が描き加えられただけである。註5（76頁）に記したように、線は手・足の意だけでなく、動きを表している場合もある。人物表現は円から徐々に変化していくのである。年齢が進むとともに体が各部分に分化して細かく描かれるようになるのだ。

図版3-9 《ポケットのいっぱいついた服を着たお母さん》4歳2ヶ月（男の子）

が見られる絵である。つまり頭足人にも段階的な表現があることに留意しなければならない。

日々子どもたちの絵に接する機会の多い筆者は、「うちの子はまだ体を描かないんです」と仰るお母さんをしり目に、むしろこうした絵に出合った時は、その子の創造力の素晴らしさに目を見張るのである。

図版 3-10 《おじいちゃんとプールにいったところ》 頭足人であるが、きちんと水着を着ている。ユニークである

図版 3-11 《みんなでお風呂に入っているところ。泡がぶくぶくで楽しそうです》と保育者が記している。これも面白い絵である。下部の丸（紫色）が泡である。空が描いてあるので露天風呂であろうか

図版3-12　何が描かれているか単純な形ほど説明がないとわからない

23 カタログ画

——象徴期（前図式期）

頭足人が描けるようになった頃から、他にも何を描いたか大人が見当をつけられる絵が登場してくる。自分の表したいものや知っているもの、興味・関心があるものを重ねず並べて描くのである（図版3-12、13）。人物だけではなく、動物や好きな食べ物、アニメのキャラクターなどさまざまである。ただし、絵として見た場合には、個々の物理的な関係は、まだ表すことができない。[9] だから、どちらかというと、空いている紙の

---

9 例えば大小の区別とか、遠近の関係など。この事例から、大きさや前後関係などの表現は遅れて発達することがわかる。

余白に、好きなものを次から次へと描き込んでいく感じである。

このように羅列して描く様子から、こうした絵を商品カタログになぞらえてカタログ画と呼んでいる。本物の商品カタログも、小さいアクセサリーなどを大きく拡大して載せているわけだから、的を射た呼称といえるだろう。また、これらの絵は依然として象徴期の後期に分類できるが、別名として、物理的な空間を表した絵(図式期)になる前の段階という意味で前図式期とも呼んでいる。

この後は、徐々に大小や空間を表す絵が描けるようになっていく。それでも子どもたちのそうした表現は大人のそれと違うので、引き続き一つひとつ説明していきたいと思う。

図版 3-13　子どもたちは、通常、紙の中央から描いていくので描かれた順番(一番興味のあるもの)がわかる

24
図式期の絵

四歳半頃から、多様な表現が現れてくる。この年齢の子どもたちの絵を図式期の絵と呼び、最大の特徴は、その名の通り図解的に描かれることである。経験したことや考えたことを再統合し、それらを子どもなりの様式で描いた絵である。換言すると、知っていることをまとめて描くのだ。だから、写実的な絵のような視覚的写実性に対して、知的写実性の絵と指摘した研究者[10]もいる。そうした理由から、いろいろなことを描くために、子ども独自の考え方に基づいたさまざまな画法が登場する。具体的には①多視点画法、②展開図法（俯瞰図法）、③基底線の出現、④十字型表現、⑤レントゲン画法、⑥アニミズムの擬人化表現、⑦強調表現と情緒的価値による比例表現、⑧異時間・異空間の同存表現などである。これらについては、この後、詳しく言及していきたい。

しかし、図式期の絵は、描かれた一つひとつは、絵記号[11]と否定的にいわれ

10　ジョルジュ・アンリ・リュケ（Georges Henri Luquet 一八七六〜一九六五）。フランスの教育者。娘シモーヌの描いた絵の研究から『子どもの絵』を著した。

図版 3-14　いもほりの絵《おおきないもをほったよ》

る様な、パターン化した図絵の組み合わせで描かれるのも事実である。そうした概念的な絵（概念画と呼ぶ）ではなく、創造的な絵を描いてほしいと指導者は思っているが、これはこれですべて否定するのではなく、子どもたちの発達の一段階[12]として、認めてあげることも大切である。

この時期の子どもたちは、人生のなかで一番多くの絵を描く。画家やデザイナーにならない限りこれは間違いないことである。しかし、この時期を過ぎると視覚的に上手く描けない子ほど、自分は絵が下手だと思うようになって、描くことに臆病になってしまう。筆者などは、上手い下手はどうでもよいと思っているので、残念でならない。しかし、この時期は、盛んに絵を描いてくれるので、子どもの絵の黄金期とも呼ばれる。子どもたちにできる限り多くの絵を描いてほしいものである。

11　絵記号とは、観察の結果ではなく単なる記号になっている図絵のことである。その例として、花はチューリップ型とヒマワリ型が多い。家は四角い部分に三角屋根がのり、典型的なドアや窓がついている。また、色についても、概念化している（概念色）。土は茶色、空は水色といった具合である。

12　造形的には面白味に欠けるが、誰にでも通じる伝達手段としての絵が描けるようになったという意味。

25
多視点画[13]
――図式期

元来、絵を描くということは、奥行きのある三次元（生活空間）でのものや事柄を、奥行きのない二次元（紙）に描くのだから、難しいに決まっている。大人は、それらを写実的に描くことが[14]最良として疑わない人が大半であるが、果たして、それだけが正解であろうか。近代美術史上、それに疑問を投げかけた人が、あの有名なパブロ・ピカソである。「晩年のピカソの絵は、女性が描かれているのはわかるが、それ以上は、サッパリわからない」

図版3-15　パブロ・ピカソ《ドラ・マールの肖像》（1937）徳島県立近代美術館蔵。鼻の輪郭は横からだが、穴は正面から２つ描かれている。また、目も横からと正面からのものが併用されている

13　「観面混合」とも呼ばれる。
14　一つの視点から描く遠近法（透視図法）が一般化するのはルネサンス期（十四世紀から十六世紀）以降のことである。

といわれる。しかし、それは、いろいろな方向から見える姿を、一つの画面に描いてしまったからである[15]（図版3-15）。だから彼の絵はわかりにくいのである。しかし、ピカソの絵も、対象を真実に基づいて描き出していることに相違はない[16]。

幼い子どもたちは、もちろんピカソのことを知らないし、ピカソたちが登場する以前から、同様の方法で三次元の人やものを描き出してきた。それが子どもたちの多視点画である。子どもたちの多視点画も、いろいろな方向から見たものを一つの画面に描く絵を指している。いや、むしろ見た記憶を総合して、描いていると考えた方が正確かもしれない。大人は一つの視点から描くことに腐心するが、子どもたちは、どんどん制約を簡単に飛び越えて、自由に描くのである。

図版3-16　真横から体を描いているが、足はまた違う。むしろ、4本あるという事実を優先して描いている。

図版3-16は、草を食べている牛の絵である。何の変哲もない絵だが、よく見てほしい。牛の顔は正

15 この描き方は、美術史上でキュビスム（立体派）という。二十世紀初頭にパブロ・ピカソ（一八八一～一九七三）とジョルジュ・ブラック（一八八二～一九六三）によって始められた。この活動が生まれた背景には、すでに発明後、時は経過していたが、写真の存在があったといわれている。画家たちに抱かせた危機感がいろいろな絵画を模索させた。

16 何も西洋だけでなく、日本の過去の美術品にも例が見いだせる。例えば国宝になっている尾形光琳作の《八橋蒔絵螺鈿硯箱》（東京国立博物館蔵）の装飾である。カキツバタは横から平蒔絵と螺鈿で描いているが、鉛の板橋は上から見た意匠になっている。

面から描かれている。一方、体は真横から描かれている。一瞬、牛がこちらを見たところを描いたと思うかもしれないが、そうではない。もう一つ、顔の左側に細長く描かれたもの（茶色で枠を描き、黄色で中を塗っている）を見てほしい。飼葉桶である。黄色くぬられたのは干し草で、牛の口からもはみ出ているので、この長いものは飼葉桶で間違いない。そして、真上から描かれていないだろうか。よってこれは前・横・上、つまり三つの方向（多視点）から描かれた、草を食べる牛なのである。状況を的確に表現するために子どもたちはこうした絵を描くのである。

図版 3-17　女の子はいつもウインクした目を描く

次に、図版3−17は自画像である。女の子らしい服に身を包み、花を愛でる心優しさが表現されたこれも普通の絵だ。だが彼女の髪形に注目してほしい。顔は正面から描かれている一方で、本来なら後ろで束ねられ、横見えないはずのポニーテールが、横に垂らした描き方で表現されている。万に一つ横で縛っていたということがあるかもしれないが、やはり幼い子のことなので、後ろに縛ったポニーテールでまちがいないだろう。

大人は、一つの視点から見た絵が、正確で絶対だと思っている人が多いが、こうした子どもの絵も、対象をキチンと捉えて、伝えているという点において正確といえるのである。その子が捉えた世界をその子なりに考えて表現しているのであって、大人は、そのことに理解を示してあげなくてはいけない。子どもたちにとって、描きたいもののためにはこうした多視点の描写はごく当たり前なのである。

26

展開図法

——図式期

図版3-18 《きゅうしょくをたべているところ》

次は、前話で触れた多視点画の一種と考えてもよい展開図法によって描かれた絵についてお話ししたい。子どもたちが絵を描いている時、人物を倒したり、さかさまに描いたりして、どうしたのだろうと思ったことはないだろうか（もちろん、さかさまの状態で描くことは難しいので、子どもたちは、画用紙を回転させて描く）。しかし、完成すれば、子どもたちの意図が理解できるはずである。つまり、空間における位置関係を表現するために、展開図のように描いているのである。よって展開図法と呼ばれている。これは、多視点画というだけでなく、それぞれの基底線に立つ人物ともいえるし、俯瞰図[17]ともいえる。

図版3-18は、《きゅうしょくをたべているところ》とタイトルが付されている。屋外の絵であるので、テーブルを友だちと囲んで食べている様子であろう。図版3-19は、お話の絵で、浦島太郎である。まげを結った子どもた

図版3-19 《お話の絵 浦島太郎》（部分）よく見ると子どもたちは棒を持ってつついている。また、海亀の甲羅を入念に描いている

図版3-20 俯瞰的に描かれた運動会玉入れの絵

17 基底線は次の話（92頁）参照。俯瞰図とは、鳥瞰図と同じで、上空からの視点で描いた絵のことである。

ちが亀を囲んで、いじめている様子である。図版3－20は、玉入れの絵で、かなり俯瞰的な構図でスケールが大きい。そして、図版3－21は、小学生の絵であり、この描き方がしばらく続くことを示している。

これらも、写実的な絵と比べると、奇異な感じを受けるかもしれないが、真実を素直に表現しているという意味ではリアルな絵なのである。

図版3-21　テーブルの脚も4本描かなくてはいけないため工夫されています

図版 3-22　この絵は 2 人がまるでジャンプしているように描いているが、そうではない

27

基底線の出現

――図式期

掲載した絵（図版3－22）は、女の子が二人で、コマ回しをしている場面を描いている。構図は今までになかったもので、真横から見た断面をそのまま切り取ったように描いている。もう少し詳しく見てみよう。画用紙の下端が茶色で帯状にぬってある。これは基底線[18]といって、地面として描いている。自分は地面の上に立っているという感覚から描かれる線で、木や家は、描かれていないが、もし描かれていれば、基底線を基にあら

18　V・ローウェンフェルドは、「子どもが環境の一部であることを知るこの最初の集合的意識は、一つの象徴によって表現される。この象徴をわれわれは「基底線（base line）」と呼ぶことにする。すべてのものを共通の空間関係の中へ編み込んでいるこの意識が生ずると、それ以後はものでも人でもあらゆるものをこの重要な空間様式、すなわち基底線の上にのせて表現する」といっている（『美術による人間形成』183頁）。

ゆるものが秩序立って、それぞれの関係性が構築される。空とて例外ではない。頭上高く、画用紙の一番上端に、やはり帯状[19]に、描かれている。また、画面の上下の中間部分は、自分たちが生活している空間として描かれる。よって基本的には、背景は画用紙の白のままである。何も知らない大人は写実的に考え、空色をぬるように勧めるが、それは子どもの認識とずれている。奥行きはまだ描かれない、いわば上下左右の描かれた空間（断面図）なのである。真上から見た俯瞰図、鳥瞰図に対し、この絵は真横から見ているのである。[20]大人はこうした絵を、未熟なものと考えがちであるが、けっしてそうではない。一つ例え話をしよう。

地球は球状である。それを平面上に地図として表すことは、やはり難しい。だから、優先事項を決めて、他のことは二の次にする。例えば、面積を優先すれば面積比が正しいモルワイデ図法、角度を優先すれば角度の正しいメルカト

図版3-23　この絵は画用紙の下端を基底線（地面）として描いている

19 帯状の空ではなく、太陽や雲を描いて空を表す場合もある（図版3−23）。

20 一方で、基底線の出現は、それぞれ描かれたものどうしの関係性の表現だから、関心が周りにむいており、自己中心性からの離脱ということが指摘できる。

図版 3-24　小学生の女子が描く目は、輝いている

ル図法といった具合である。子どもたちの絵も、地図も真実を表すために工夫され、つくられているとはいえまいか。

小学生になっても基底線は描かれるが、図版3-24のように、徐々に基底線が上に移動していく（基底面といえるかもしれない）。その幅広くなった基底には、いろいろなもの（この絵の場合は花壇や草や人物など）が描かれるようになり、高学年になる頃に、基底線は消滅する。画面全体が地面になり、写実的な絵になっていくのである。

ところで話はそれるが、図版3-22と図版3-23においてこれだけシンプルな絵にもかかわらず、忘れずに描かれているものが一つある。それは、太陽である。なぜ子どもは太陽を描くのかずっと不思議だった。なぜならば大人はまず描かないからだ。それについて、皆本二三江さんが著書[21]に答えを書いていらっしゃった。「完成したと見える絵に、『あっ、忘れた』と太陽を描き

21『0歳からの表現・造形』（223頁）。その太陽も、小学校中高学年になって、写実性（奥行きの表現）が芽生えてくる頃からは描かなくなる（図版3-24）。

こむ子どもがある。（中略）わけをたずねると『無いとダメなんだもの、暗くて見えなくなるもの』」と答えたそうなのである。なるほど太陽を描かないと、絵は真っ黒にぬりつぶさなくてはいけないということである。最後に、基底線にはいろいろなバリエーション（図版3-25、26）があることをも付け加えておきたい。[22]

図版 3-25　基底線を1つの画面の中に2つ以上描く場合

図版 3-26　基底線が曲線となっている場合

22　図版3-26のような、丘の斜面に立つ人物を、水平線に対して垂直ではなく斜面に対して垂直に描いている絵がある。この現象に対しては、J・グッドナウ（認知発達心理学者　一九二四〜二〇一四）がピアジェ（101頁参照）の理論を援用して次のように説明している。子どもたちは発達途上にある関係から、二重三重のさまざまな関係を考慮に入れられず、すぐ隣との関係を基準にして描く。だから、山の斜面に対して垂直に描くというのである（J・グッドナウ『子どもの絵の世界』13頁）。展開図法も同様な考え方から理解できる。

28

人物の十字型表現

——図式期

図版 3-27 《田植えをしているところ》

最初の人物表現が単なる円だった時から、頭足人を経て、頭、胴、足、腕などからなる人物として、絵記号的かもしれないが、まがりなりにも描けるようになってくるのは、五歳ぐらいからである。もちろん一足飛びにこうなるのではなく、一つひとつ階段を登るように発達してきたのである。大きな頭部に小さな胴体が不釣合いに描かれる時期があったり、胴があるのに頭から手が出ていたりする時期などを経て、図式期の頃になると、図版3-27のように、手を左右に広げた十字型の人物を描くようになる。何もこれは本当に手を広げたところを描いているのではない。子どもたちは通常の人物を描いているつもりである。ではなぜこのように描くかについては、管見の限り、誰も確定的な答えを出していない。まだ横顔も描かず、正面性の強い人物しか描けないことを考えると、重ねてものを描けない（奥行きがまだ表現できない）ので、こうした表現になるのではと筆者は考えている。

図版 3-28　家族で泳ぎに来た様子である。画用紙を継ぎ足している

図版 3-29　手が直接顔から出ている。余白がないので手を曲げざるを得なかったことから、この絵は十字型の変形である。

29

レントゲン画

――図式期

絵を描くことは、美を求める活動と思われがちだが、けっしてそうばかりではない。特に子どもが描くレントゲン画[23]（外から見えないものを、透視したように描く画法）は見えないところまで描かれていて、むしろ知的な産物といえるのではなかろうか。百聞は一見にしかずなので、ここでは、三枚の絵を紹介したい。

図版3-30は《さかなつり》の絵である。女の子が魚を釣り上げたところで、魚がとび跳ねる様子が、よく描かれて

図版 3-30 《さかなつり》魚だけでなく人魚までいる

23 この技法についても、かつての日本人はよく似た技法を用いていた。それは、平安・鎌倉時代の絵巻物などに用いられた「吹抜屋台」である。斜め上方から見て、屋根をシースルーし、室内を描く画法で、有名なものに国宝《源氏物語絵巻》（徳川美術館蔵）がある。

いる。鳥も魚を狙っているようで、上空を飛んでいる様子が描かれている。そして、その時、作者の女の子が目にしたであろう魚たちが、海中にレントゲン画の手法で描かれている。

図版3‐31は、家族で《いちご狩り》に行った時の絵である。お父さんが車を運転していったので、ハンドルを持つお父さんが描かれている。ほかには、この絵を描いた男の子とお母さんも描かれている。車体がシースルーですべて丸見えになっている。上部には、赤いイチゴとまだ青いイチゴ（黄緑色）が描かれていて、熟していないイチゴもあったことをリアルに表現しているのである。

図版 3-31　《いちご狩り》水耕栽培でイチゴが垂れ下がっていたことがよくわかる

図版3‐32は、クリスマスの絵である。右端には作者の女の子がもらったプレゼントが描かれ、その箱のなかが透

図版 3-32 《プレゼントがいっぱいでびっくりしちゃった。私はお人形をもらったの》

けて見え、人形が描かれている。タイトルは《プレゼントがいっぱいでびっくりしちゃった。私はお人形をもらったの》とされている。サンタの袋には、これから他の子にあげるプレゼントがまだ入っている様子も描かれている。これらが、子どもたちのレントゲン画である。

30
アニミズムの擬人化表現
――図式期

アニミズムとは、生物（動物や植物）や無生物など問わず、すべてのものに人間と同様の霊魂が宿っているという考え方である。もちろん事実ではないが、何もオカルト的な特殊な考えではなく、広く一般、かつ世界的にみられる思考である。本来は霊的存在への信仰で原始宗教の形であった。日本では、森羅万象にみる八百万の神（やおよろずのかみ）に例をみることができる。

教育の世界では、心理学者のジャン・ピアジェ[24]が、子どもの特性として、すべてのものを擬人化してみる傾向があると指摘した。具体例をあげると、走行中の車から外の月を指さして「あの月、僕についてくるよ」と話すことや、折れた花を見つけて、「お花さん、痛くてかわいそう」ということなどがそれである。

子どもの絵にもそうした作品がある。太陽や雲、花や木に顔を描いたり、動物を人のように描く例である。そしてそれらは、笑ったり怒ったり、ま

24 Jean Piaget（一八九六～一九八〇）。スイスの発達心理学者。20世紀の心理学の進歩に大きく寄与した。発達理論「発生的認識論」を提唱した。

図版3-33　屋外には雪だるま、室内にはクリスマスリースも描かれている

たは悲しんだりと豊かな表情をたたえている。図版3-33は、クリスマスに雲が空一面に広がって、微笑みながら雪を降らせているところである。図版3-34は、顔のあるおにぎりのような山が描かれている。図版3-35は、冷蔵庫の家族である。

アニミズムによる擬人化表現を、大人は未熟な思考と思いがちである。しかし、はたしてそうであろうか。少し視点を変えてほしい。教育的効果を認められている絵本の世界には、この手の表現が溢れている。それをなんびとも、荒唐無稽なものとして否定はしないだろう。むしろ、博愛的な豊沃な世界であると好意的に認識しているではないか。だから、こうした子どもたちの表現は、いろいろなものに出合い繋がって、いろいろな思いをはせながら、豊かに育っているという証左である。[25]少なくとも筆者はそう信じている。

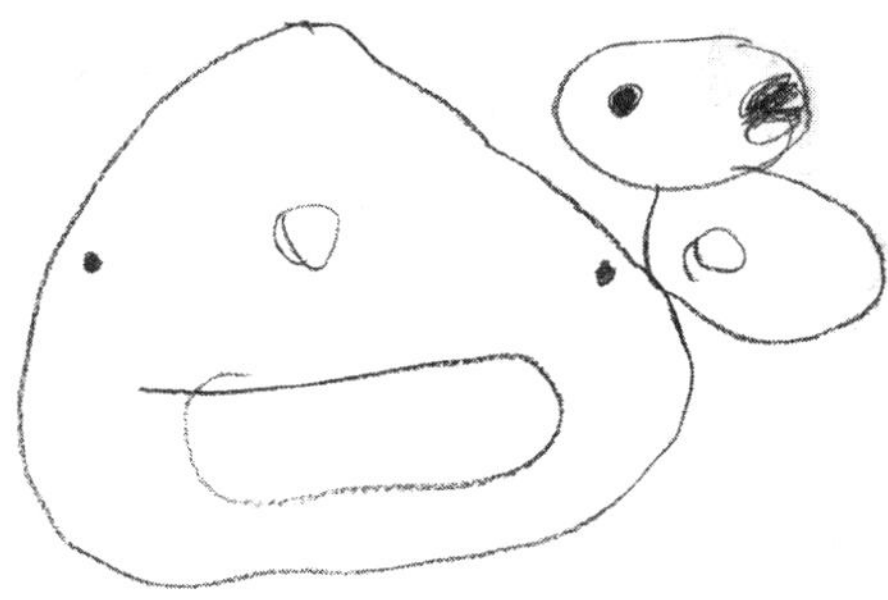

図版3-34　《いーちゃんがおやまにのぼったの》

図版3-35　左から《パパれいぞうこ》《おねえちゃんとおにいちゃんれいぞうこ（一心同体？）》《ママれいぞうこ》。そういわれるとこれらの冷蔵庫に手と足があって、なにかヒソヒソ話しているような気がしてきます

25 アニミズム表現とはまたちがい、子どもは、時としてイメージのなかで現実にはないものを育てていることがある。

図版 3-36 《夏の思い出。海に行った。すごく暑かったから太陽がいっぱい》

31

強調表現と情緒的価値による比例表現

――図式期

今回は、絵のなかに登場するものの個数とサイズの話である。図版3–36の絵は《夏の思い出。海に行った。すごく暑かったから太陽がいっぱい》と裏に保育者がタイトルを記している。よほど暑かったのであろう。太陽が四つも描かれている。図版3–37の絵も、タイトルこそないが、同様の絵である。こちらの場合は、太陽が一つ少なく三つだが、その分、暑い日差しが線で描かれ、ブランコをしている人や、滑り台を登る人にそ

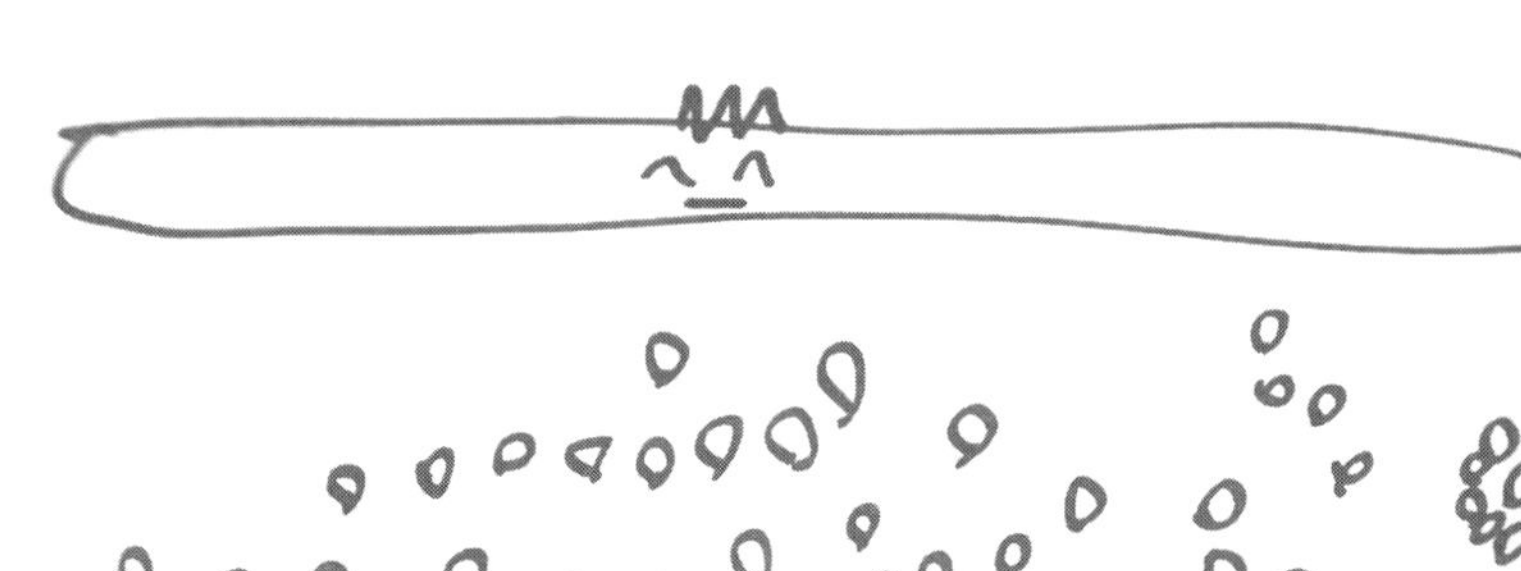

図3-37　太陽から出ている線はすべて太陽光であるが、長い太陽光は稲妻のような描き方である

そがれていて、その子の気持ちが強く表現されている。こうした強調された表現を、強調表現といっている。

一方で、図版3-38は、遠足で動物園を訪れた時の絵である。絵のなかに、保育者が《ペンギンだいすきだよ》とタイトルをメモしている。好きなものを一生懸命に描いていたら大きくなってしまった。だから一羽のペンギンは紙からはみ出そうなくらいに大きく描かれている。[26] 図版3-39は、運動会の玉入れの絵である。「白組が勝ったのは、あの時ぼくが、球を二つと三つ同時につかんで入れたからだよ」といっているかの如き描き方である。強調したい、詳しく描きたいと思うと、思いの分だけ大きくなってしまうの

26　この表現も、別におかしい表現ではなく、何回も申し上げているように大人も使っている表現に近似している。それは、映像でメインの被写体を画面いっぱいに大写しにするクローズアップの技法や、写真で被写界深度（焦点があっている被写体側の距離範囲）を深くして、近景と遠景を同時に撮る技法である。

である。情緒的な強い思いが、対象を大きく描かせるのである。これを情緒的価値による比例表現と呼んでいる。

図版 3-38 《ペンギンだいすきだよ》

図版 3-39　足の指も手の指も、一生懸命に描いている

32

異時間・異空間の同存表現[27]

――図式期

図版3-40の絵を見て、皆さんは何を思われるだろう。お父さん、お母さん、本人（男の子）が乗る車が透けているのは、29話でお話ししたレントゲン画なのでわかってもらえると思うが、車や信号、滑り台（またはブランコか。動物の顔らしきものも描いてある）が宙に浮いていて、それだけでなくドは、海（青色にぬられていることからそう判断できる。何かが

図版3-40　描き方は簡潔だがお話がいっぱい詰まっている

27 この表現も、日本の過去の美術品に同じ技法が見い出せる。国宝で法隆寺にある玉虫厨子に描かれた《捨身飼虎図》（法隆寺蔵）である。崖の上に立つ太子、飛び降りている太子、虎の餌になっている太子が、一つの画面に描かれている。

泳いでいる？）である。今までのどの絵よりも、考えようによってはキテレツではないかと思われたのではないだろうか。どうも子どもの絵は大人にとって不可解に思えてしまう部分があるようだ。しかし、けっして、子どもたちは奇怪なことを描いているのではない。種明かしをするとこうである。この絵は、休日で家族とともに出かけた時の絵で、異なった時間、異なった場所で起こった出来事を一枚の画面に描いた絵なのである。こうした手法を異時間・異空間の同存表現という。

　子どもたちがこうした絵を描くのは、この絵のように、休日にたくさんあった出来事を描く時や、絵本の読み聞かせの後に、その絵本についての絵を描く時である。絵本について描くときは、まさにいろいろなページで展開された出来事が一枚の絵のなかに所狭しと描かれる。絵本のストーリー全体を表現するのであれば、むしろそう描いたほうが自然なのかもしれない。大人の描く写実的な絵は、写真と同じく、ある一瞬を切り取って描く。だから、こうした絵は、一瞬の様子を描写していると思い込んでいる大人にとっては、違和感を抱かせるが、なにも絵は一瞬を描かなくてはいけないというルールなどない。子どもたちのこうした絵は、考えようによっては、すばらしく知的で創造的ではなかろうか。文章のない絵日記、いやこれが本当の絵日記かもしれない。

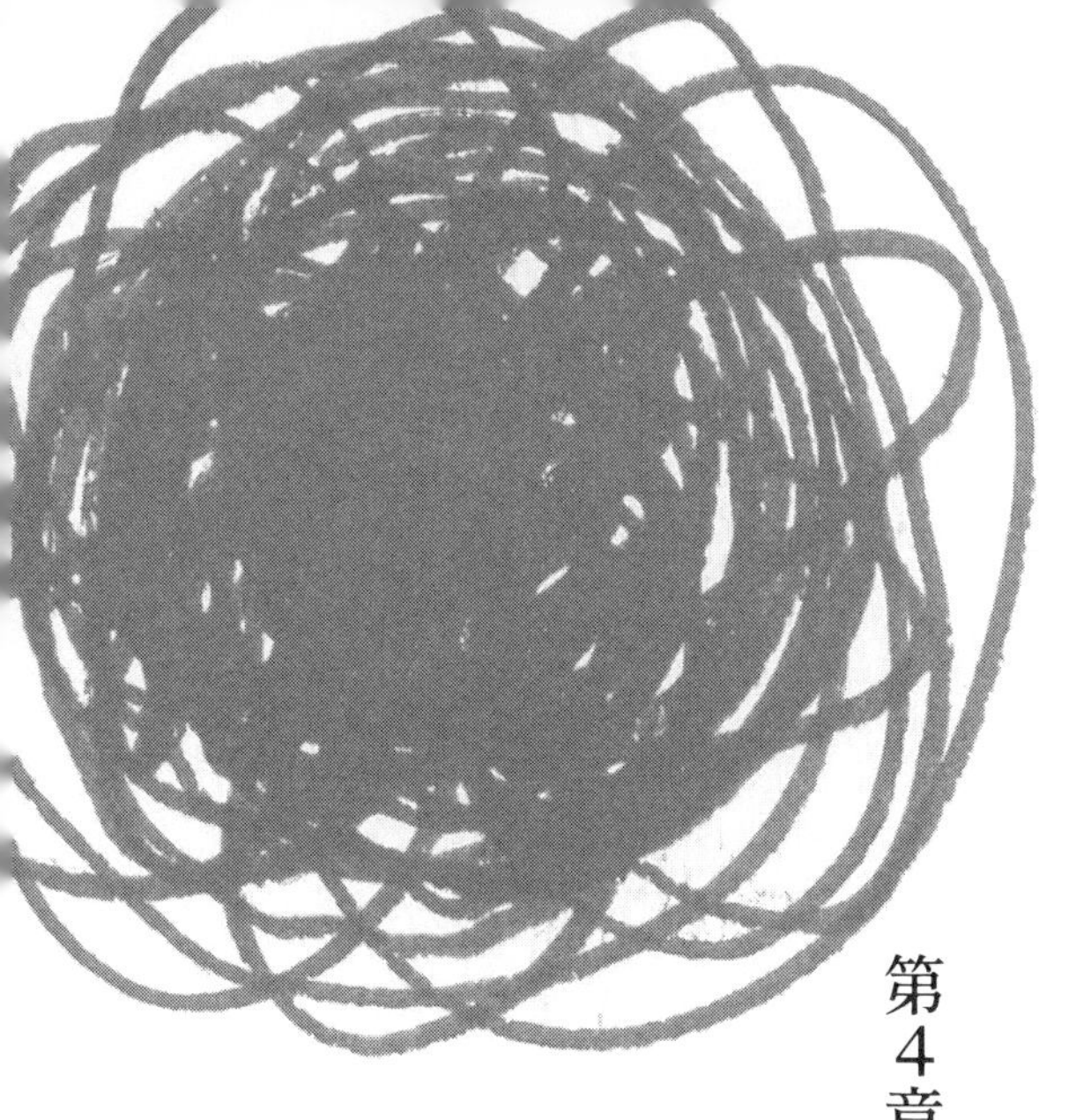

第4章　子どもの立体的なものづくりについて

図版 4-1　子どもにとっては、時には破壊も制作である

33

子どもの発達と立体的なものづくり

⑴もてあそびから意味づけへ（一歳半から三歳半頃）

乳児が目の前にある積み木を、口のなかに入れたりする行動は、探索行動[1]として知られている。その積み木を、次は立てたり、倒したり、転がしたり、その後は電車や家に見立てて、いくつも並べてみたり、積み上げたりして遊ぶようになる。それは、もてあそぶだけだった状態から、意味づけた遊びへ発展したことを示している。こうした行為は、ものづくりの観点からは、材

1　新しい環境に出合った時に、接近し、手で触ったりして状況を調べようとする行動。乳児は口のなかに入れたりもする。乳幼児は信頼できる親を安全基地（安心できるエリア）として探索行動を活発にすることが知られている。

料と出合い、性質、可能性を知り、その上でそれに働きかけたという原初的な造形活動といえる。子どもたちは、いろいろな遊びを繰り返しながら、いろいろな顔を持つ素材に出合い、素材を知っていく。そうしたなかで次はこうしてみようとする意欲が育まれるのである。そして、こうするとこうなるという物事の仕組みを徐々に理解するようになり、次第に見通しを立てて造形遊びをするようになる。こうした活動を、もてあそびから、意味づけのある造形遊びと呼んでいる。おおむね一歳半から三歳半頃までの活動である。

この時期に取り組ませたい素材としては、紙ならばその代表である新聞紙が扱いやすい（図版4−1）。紙で遊ぶなかで、次はこれをつくってみたいという気持ちが芽生えてくる。そうしてつくられた作品が図版4−2である。その後はまるめたり、筒状に巻いたりと、つくり方にもいろいろな広がりが出てくる。こうして子どもた

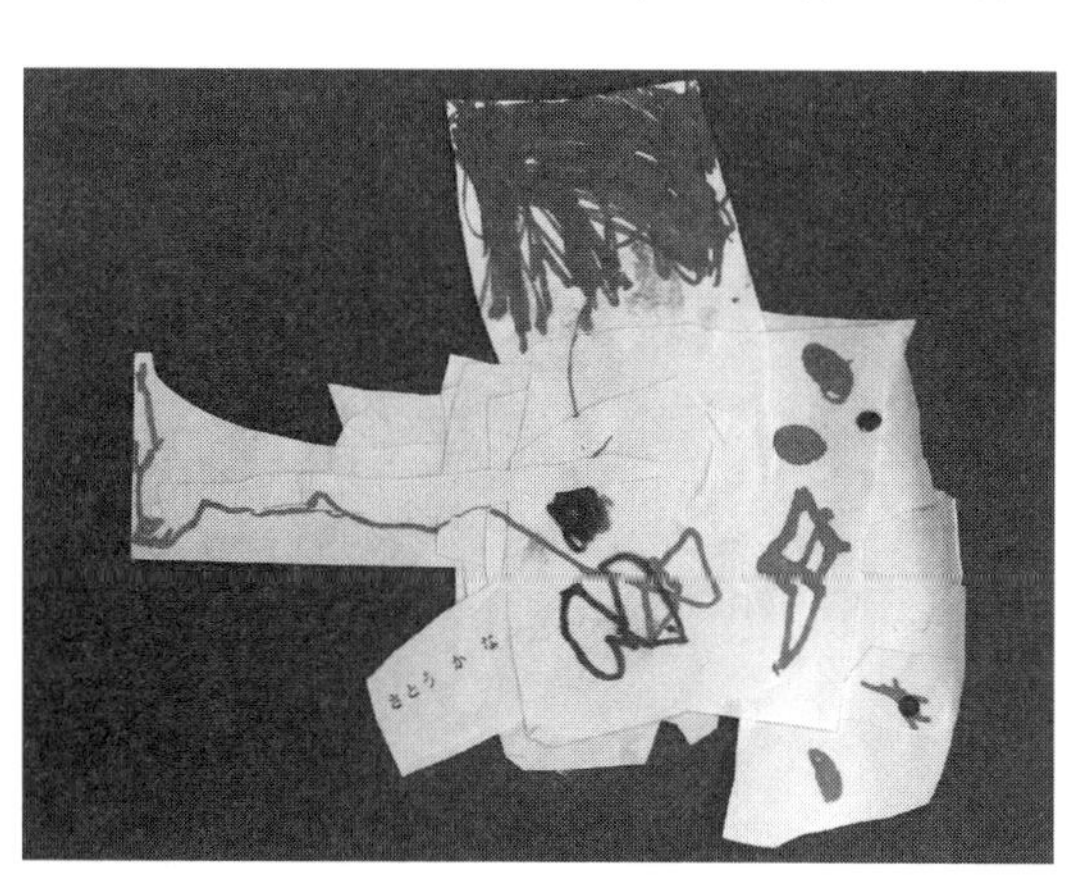

図版 4-2　切って貼って描く。制作の順番を少し変えると思わぬものができあがる

ちは、行為そのものの興味に導かれて、最終的には、ものづくりに目覚めていく。

(2) つくり遊びからものづくりへ

(四歳頃から)

次に、四歳を過ぎる頃になると、使いたい素材を選んで、いろいろな形を組み合わせて工夫しながら、見通しを立てて作品をつくれるようになる(図版4-3)。両手を協働させて取り組めるのもこの頃からである。遊びの要素が強かったつくり遊びから、計画して、工夫を凝らした本格的なものづくりが始まるのである。そうしてできあがったいろいろな作品例が、図版4-4のいろいろな動物である。また、友だちと話し合って共同で制作する

図版 4-3　粗雑に見えるかもしれないが、そのなかで正確さ緻密さが増してくる

ことも可能となる。少し困難でも、挑戦する心を育むためにより扱いにくい素材にも挑戦させたい（段ボール箱がよい素材となる）。

いろいろな道具を使いこなすことができるようになってくるのもこの時期で、使い方等を教える支援も大切となる。ハサミであれば、一回切りに加え、連続切りや重ね切りの習得も必要となってくる。のりについても、一点づけから、必要なところに適量をぬれるように教えてあげなくてはならない。ややもすると、子どもたちは、つけすぎてしまうからである。しかし、一方的に教え込むのではなく、活動を楽しむなかで自然に身につけていくようにしたいものである

図版 4-4　《ぞう》《きりん》《さる》

ここまで概略的ではあるが子どもの発達と立体的なものづくりを見てきた。一般的に、遊びと学びは対立する概念かもしれないが、

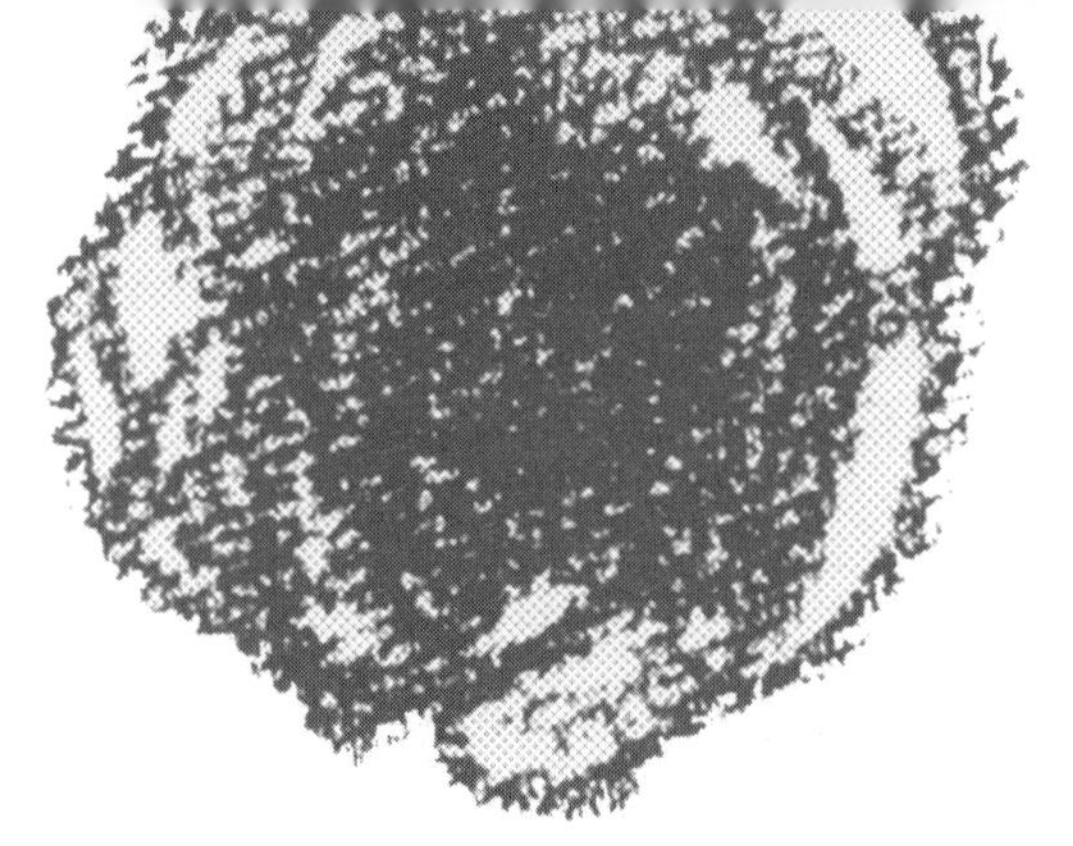

子どもたちのものづくりに取り組む姿を見ると、それらが、渾然となって共存していることがわかってもらえると思う。子どもたちは、ものづくりによって多くを学び、育っていくのである。子どもの造形に携わる大人にとって、こうした年齢ごとの子どもの表現を理解し、実践のなかで支援、援助していくことは、何よりも大切なことである。

34
新聞紙で遊ぶ
——素材との出合い

ここでは、前話で触れた、造形活動に入る前段階における、造形素材との出合いとしての新聞紙での遊びについて詳しく言及してみたい。

昨今、新聞を定期購読する家庭が減っているらしい。だから、新聞紙になじみがない子どももいるようだ。大人からすれば嘘のような本当の話である。しかし、新聞紙は、依然として身近な存在である。今回は、紙の代表であるその新聞紙と幼い子どもたちの遊びを紹介する。

まず新聞紙を何枚も貼り合わせて大きな一枚に仕立てる。それを、トンネルに見立てて潜ってみたり（図版4-5）、広げて下に潜り込んだり（図版4-6）、上に乗ってゴロゴロ転がったりする（図版4-7）。そうして、紙の感触を感じたり、紙が出す音を楽しんだりするのである。

そして最後は、破って新聞紙のプールにして遊ぶ。通常、園でも家庭内でも紙を破ることは禁止されている。破くことは悪いことと教わっているから

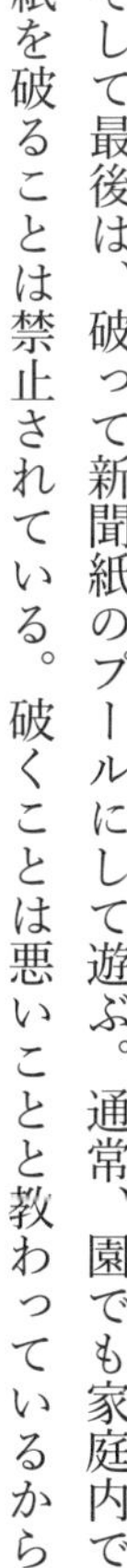

だ。しかし、この時ばかりは破ってよいということがわかると積極的に取り組む。なぜかというとビリビリと長く破るという動作は、音とともに形が変化していく快感があり楽しいからだ。大騒ぎになりいつまでも遊び続ける姿がある（図版4-8）。

平面である紙も、まるめてボール状にすると立体になり、動的な遊びを展開させることができる。そうした活動も自然発生的に生まれてくる。

図版 4-5　大きなトンネル。はって潜ります

図版 4-6　お母さんたちにも手伝ってもらうので、安心して取り組めます

前話でも言及したが、子どもたちは、いろいろな遊びを繰り返しながら、いろいろな顔を持つ素材に出合い、素材を知っていく。そうしたなかで次はこうしてみようとする意欲が育まれるのである。紙を使ってなにかをつくろうとするのは、こうした活動の後にやってくるのである。

図版 4-7　かさこそ。かさこそ。乾いた枯葉とよく似た音

図版 4-8　楽しくて、楽しくて。もう大騒ぎ

図版 4-9　砂場は、園で一番のお気に入りの場所である

35

砂遊び

——砂という素材

一般的に砂場での活動を、造形活動として捉えている方は少ないかもしれない。しかし、筆者の立場からは、砂は大切な造形素材として位置づけたい。かつて、砂場は幼稚園設置基準のなかで、設置しなければならないものであったが、現在はその必要はなくなった。けれども子どもたちにとっては、大切な遊び場であることに変わりはない。

砂場は単に大量の砂があるだけというシンプルなものだが、その分、工夫次第でいろいろなことができる。それゆえに、

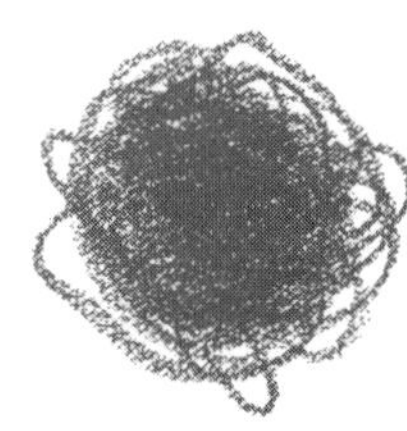

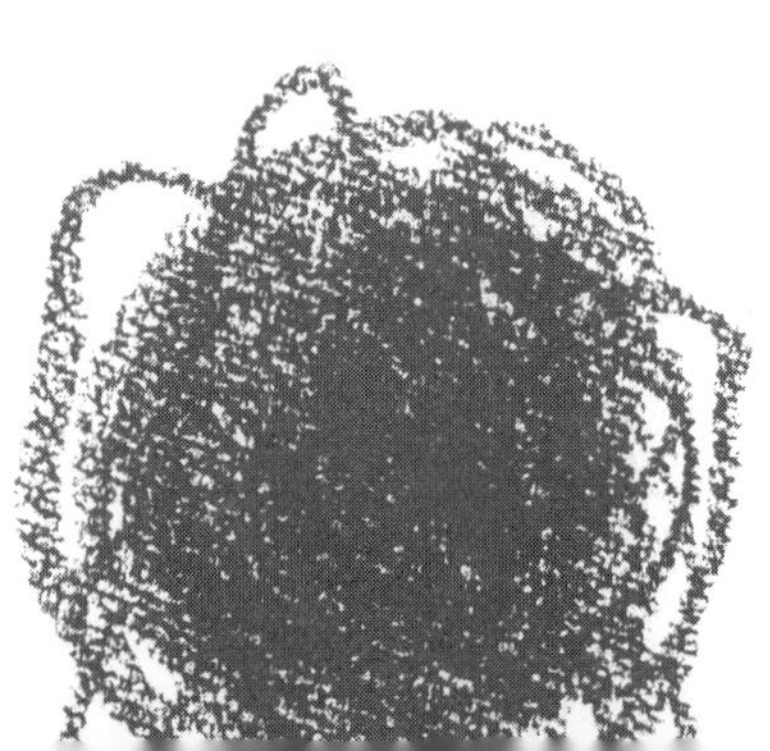

子どもの思いや創造力をしっかりと受け止め、多様な造形遊びが可能な場所である。年齢的に見ても、三歳未満の子（図版4－9）から五歳児までいろいろな子どもたちが遊んでいる。

幼い子はカップに砂を入れたり出したり、思いのほか長い時間、集中して遊んでいる。年長の女の子たちは、カップで型抜きをして、お弁当やケーキをつくり、葉や木の実をトッピングして、パーティーを始めている（図版4－10）。年長の男の子たちは、砂山をつくってトンネルを掘っている。砂山を硬くつくるのはけっこう難しく、あの手この手で固めている。時には作業を分担しあって、水も流し入れて大きなパノラマを完成させる。砂場での遊びは、一人遊

図版 4-10　こうなるともう女の子の独壇場である

びもあるが、複数で共同作品をつくり上げていくことも可能である。

素材的には、粘土に比べ粒が大きくサラサラで扱いやすい。[2]反面、水分を加えると可塑性が増しいろいろな形になるので、さまざまな年齢の子どもや、多様な遊びに合うのである。[3]もし失敗しても、すぐにつくり直しができることも利点である。しかしつくったあとは保存がきかないので、壊してしまうことになる。普段は破壊行為は禁じられているが、この時ばかりは壊す解放感がたまらない。そして、それが、再び次の活動へと誘うのである。子どもたちは素手や裸足で取り組むので、安全面や衛生面への配慮は不可欠である。[4]子どもたちが思い思いに、そして創造的に遊びを展開することができるのが砂遊びである。

---

2 砂は山砂、川砂、海砂などまちまちである。

3 もう一つどうしても言及しておかなければならないものが「どろだんご」である。大変人気があり、だれしも一度は作ったことがあるのではなかろうか。表面をピカピカに磨くのを競ったこともあるかもしれない。手間をかければかけたほど愛着がわく典型的な例である。

4 砂場の管理としては、ガラスなどの異物の混入に気を配ったり、猫や犬の糞便で汚染されないようにしたりすることが必要である。また、遊び終わった後はよく手を洗うことが大切である。

36

粘土遊び

——土粘土という素材

今回は、粘土について話したい。砂も粘土も、大まかに分類するとよく似た素材といえるかもしれない。しかし、厳密には違った素材であり、粘土の種類も、土粘土、油粘土、紙粘土、小麦粉粘土などいろいろある。

園では、油粘土またはそれに類するものを使う場合が多いと思う。それは、いつでも手軽に使うことができ、片づけも容易という利点があるからである。しかし筆者個人としては、地面から掘り出した、焼成ができる土粘土に魅力を感じてしまう。[5]

土粘土は、乾燥してしまうので保管が難しかったり、服が汚れたり、後片づけでは排水口が詰まったりで、現場では敬遠されているかもしれない。しかし、よい面もある。例えば、水分量で硬さの調整ができるので、指の力が弱い子どもに向いている。[6] そして何といっても、自然素材（というよりは、地球から掘り出しているのだから自然そのものである）で、とても感触が心地よく、

5　園によっては、子どもたちが成形したものを、専門家に焼成を依頼し、釉薬のかかった陶芸作品に仕上げている。

6　やわらかい粘土でも、切り離す場合は手では大変なので、切り糸（しっぴき）を使うとよい。

解放感が感じられることである。

粘土遊びは、絵を描くことと違って、素材に導かれるままに造形が生まれる。まるめたり、のばしたり、つぶしたり、くっつけたりしていると、何かの形に見えてくるといえばよいだろうか。あるいは、手が考えて、形を紡いでいるといえるかもしれない。それらは、子どもたちの思いがストレートに吐露されていることを意味している。また別のいい方をすれば、描画活動が視覚的な活動であるのに対し、粘土遊びは触覚的な要素が強い活動である。また、ルールなどないので細かい表現に拘泥せず、ダイナミックに遊ぶことができる。

図版 4-11　子どもたちがつくる時は、全力で集中してつくる。それが人の心を引き付けるのであろう

よって、上手い下手に惑わされず、造形が苦手な子どもでも夢中になって取り組むことができる。具体的には、車や建物などの無機的なものより、動物や人物など生き物のほうが、躍動感あふれる造形になる。子どもたちの造形意欲を掻き立てる素材である。

どこを見ても地面がコンクリートやアスファルト舗装で固められている現代、子どもたちが砂や粘土に触れる機会を大切にしなければならないだろう。

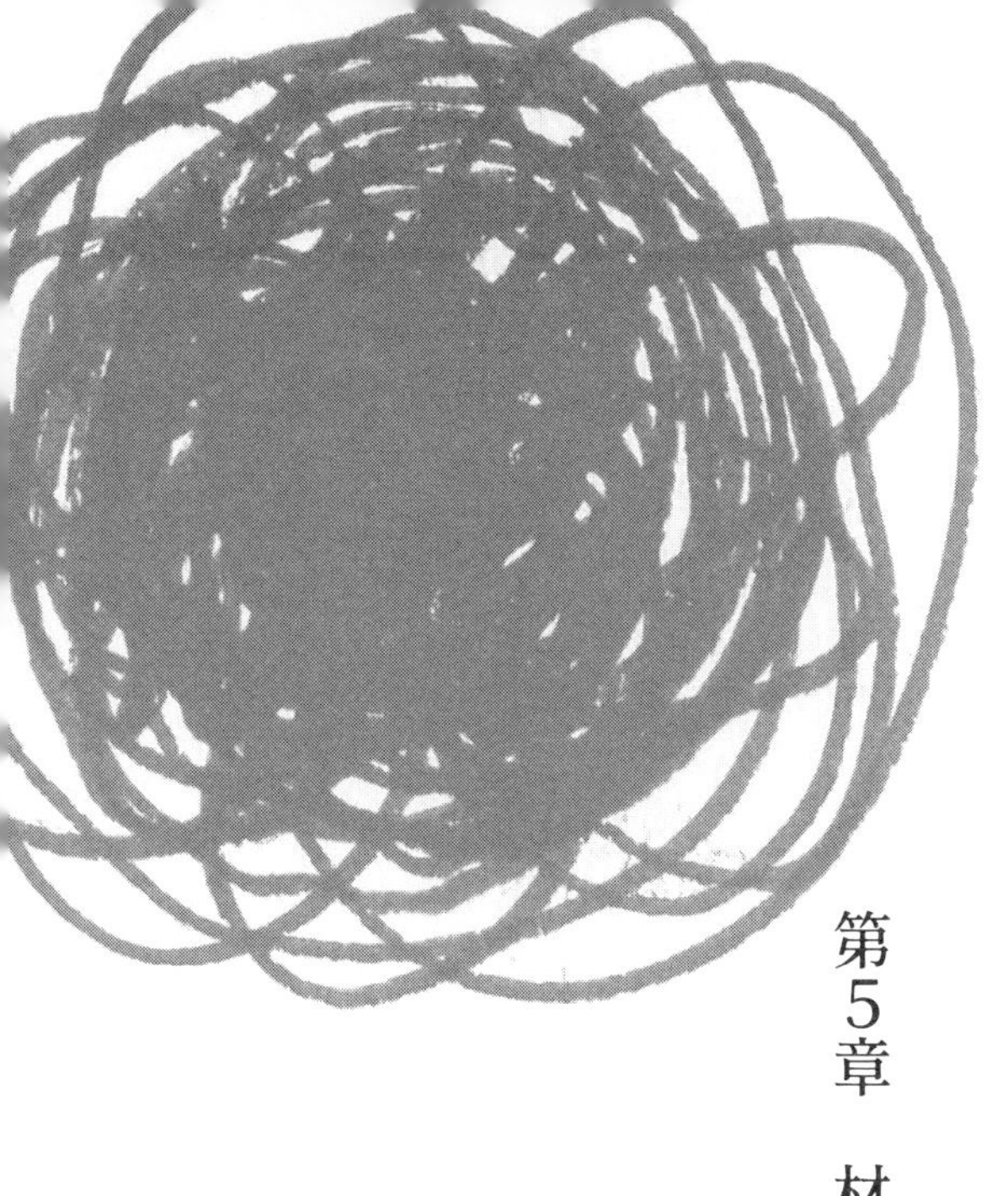

第5章　材料や道具について

図版 5-1　水色の画用紙に白のクレヨンで

37

紙という素材

子どもの造形世界では、紙は重要な素材で、大きなウエイトを占めている。もちろん、一口に紙といってもいろいろなものがある。白画用紙、色画用紙、色紙(折り紙)、模造紙(B紙)、ボール紙(板紙)、段ボール、桜紙、障子紙、そして廃品(新聞紙、チラシ広告、牛乳パック等)などである。薄いものから厚いものまで保育現場ではいろいろな紙が用いられている。

絵を描く場合には主に白画用紙[1]が使われる。白画用紙は、パルプだけでなく、綿くずなどが混ぜて漉かれている

1　子どもに絵を描いてもらう場合、紙の表裏を見分けることが必要になる。ふつう画用紙はザラザラの面が表だが、ケント紙や書道紙のようにツルツル面が表の紙もあるので注意が必要である。わからない場合は、消しゴムをかけるとよい。画用紙は、表は繊維が毛羽立たないように加工してあるからだ。

ので水溶性の描画材に対して発色がよく、適度ににじむわりには、水分を含んでも膨張しないようにつくられており、乾燥後シワになりにくい。一方、同じ画用紙でも色画用紙は、水性絵の具を使うとどうしても乾燥後シワになるが、幼い子どもが画面全体をぬるのはたいへんな労力なので、色画用紙を使うのも一方法である。特に雪の絵（白いクレヨンで描く）（図版5−1）や花火の絵（夜空にいろいろな色を使う）などは、色画用紙の長所を生かしやすい。

紙は平面素材であるが、絵を描くばかりではなく、折ったり巻いたりして、立体的にも使用できる。揉んで布のような風合いを出すこともでき、表現の幅は広い。また、加工性に富んでいることも、多用される理由である。折る・巻くだけでなく、切る（裂く）[2]・まるめる・包む・貼る、そして、

図版5-2　色紙を引き裂いて花びらを表現している。制作の行為自体も花を開花させていくようで楽しいと思われる

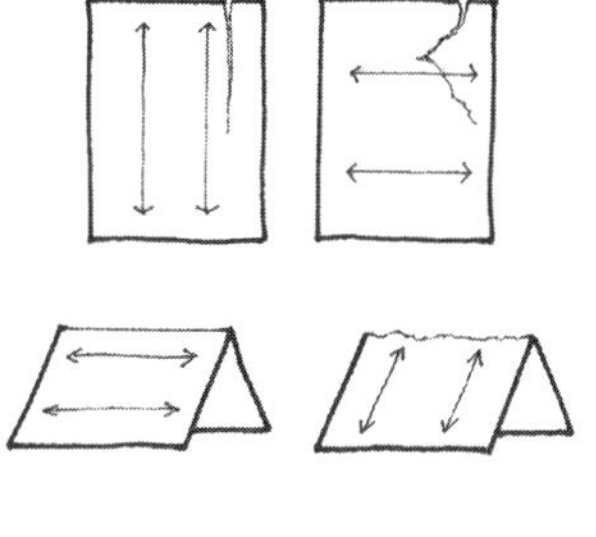

2　裂く場合に留意したいのが、紙の目である。紙は製造過程の仕組みから繊維が一定方向にそろい紙の目ができる。裂いたり加工したりする場合はそれを知ったうえで行うとよい。目（矢印）と平行に裂くと、同じ幅で裂くことができるが、目と垂直方向に裂くと破りにくく、裂け目は目の方向に行ってしまいきれいに裂けない。また、折る場合も目に平行の場合はまっすぐきれいに折れるが、垂直の場合は折れ目が割れてギザギザになる。

織る・よる[3]ということも可能である。そしてどの加工方法も容易で、それはとりもなおさず子どもに向いているということである。

また、色数も豊富である。サイズも大小さまざまあるので、いろいろな用途に適合する。[4]十分な大きさがあれば、共同制作にも有効である。それ以外には、耐水加工が施されたもの（紙コップや牛乳パック）[5]もあり、水を使う造形にも活用できる。

それからなんといってもたやすく入手できる（安価またはタダ）ことは心強い。また、リサイクルに出すこともできるので、制作と生活行為（片づけと廃品回収）を同時に学ぶことも可能である。

図版 5-3　破った色紙を貼り、形からインスピレーションを得て、目や口を描き加えていろいろな生き物を表現している

---

3 「織る」とは、左図のように帯状に切った紙を交互に織っていくこと。明治期に導入されたフレーベル（世界初の幼稚園創設者 一七八二～一八五二）の二十遊嬉の一つとして始まった。また、「よる」とはひねってひも状にすること。紙をよったものを紙縒り（こより）という。

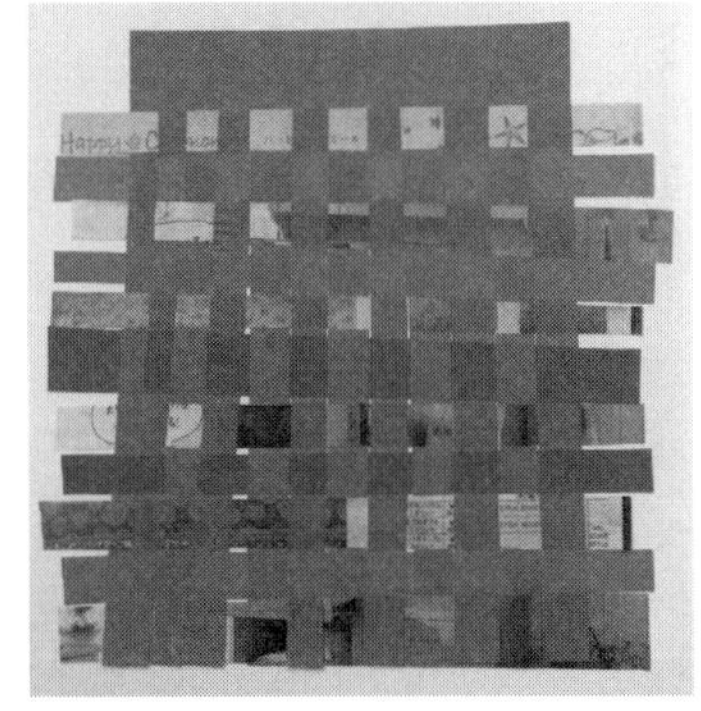

4 紙の縦横の寸法については、紙の種類ごとにあると思った方がよいくらいさまざまである。白画用紙の原紙サイズは四六判（しろくばん）と呼ばれ、寸法は788×1091㎜で、それを等分に四つに切断したものが四つ切、八つに切断したものが八つ切である。また、最も身近な上質紙など

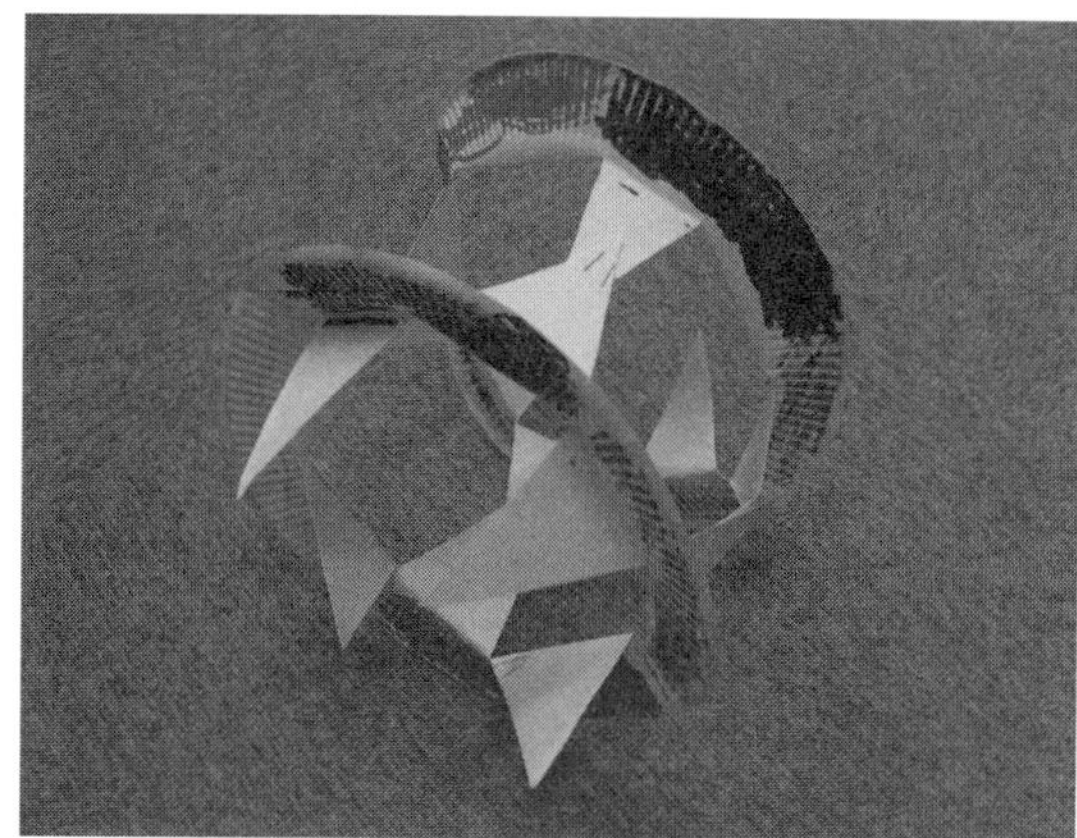
図版 5-4　紙皿を使った風車

図版 5-5　新聞紙などでつくった共同制作

のA判、B判について、A判は国際規格であるが、B判は日本だけのものである。それぞれ最も大きいサイズは、A0（1㎡）で1189×841㎜、B0（1.5㎡）で1456×1030㎜である。いずれも、長い辺を半分にした時、A判ならばA0はA1となり、それらは縦横の辺の比率も変わらない形になっている。

5
牛乳パックについては、高質パルプでできていたり、耐水コーティングがしてあったりするので利用価値が高い。そして何より園の給食では、必ず牛乳が出る。幼児は一人用の牛乳パックだが、乳児は、1リットル入りのパックから牛乳を小さいコップに取り分けて飲むので、毎日いくつもの1リットル牛乳パックが廃棄される。有効活用したい廃品素材である。ただし近年では、牛乳アレルギーの子が増えてきたので、よく洗うなどの配慮が必要である。

38

紙以外の素材

――自然素材と人工的素材

小学校では、教科に基づいて組まれたカリキュラムがあり、各教科の目標達成のため、時間割どおりに学ぶことが一般的である。それに対して、領域という概念はあるものの、教科ではなく教科書もない保育現場では、「保育は生活である」と言い表すことがある。日々の生活における遊びや食事、午睡や排せつなどが養護や心身の発達、人間形成を担っていると考えてのことである。

このことを造形の観点から見てみると、次のようになるだろうか。小春日和の暖かい日に、近くの公園まで散歩に出かけることになった。行ってみるとドングリがたくさん落ちていた。みんなで拾って帰ることになった。ポケット一杯にして持ち帰ったドングリは、園児の発案で作品の材料として使うこととなった。しかも、給食で出たプリンのカップを二つ使って(図版5-6)。翌日、作ったそのマラカスはまたその明くる日に、他の楽器と一緒に演奏した際に使ったという具合である。これが、日々の生活から、生まれた造形活動といえる。

だから、保育の中で使う素材は、入手が容易な自然素材と、排出される人工的な廃材や身の回りの物が多い。自然素材には、木や竹、実（ドングリ、松ぼっくり、数珠玉など）や葉っぱ、石や貝殻などがある。時には園で育てた植物や野菜を使うこともある。

一方、紙製以外の人工的なものは、廃材では発泡トレーやペットボトル、空き缶や卵のパック、わりばしやストローなど、さまざまなものがある。身の回りのものとしては、工作素材（モール、タコ糸）や事務用品（輪ゴム、シール）、手芸用品（毛糸、ビーズ、リボン）や日用品（ポリ袋、手袋）、キッチン用品（アルミホイル、つまようじ）などがある。

だから、保育の造形は、生活の中で見つけたり、排出されたりした素材を使って、何かを作るということが

図版5-6　小さいペットボトル、プリンのカップ、プラスチックコップを使ったマラカス。中にはビーズやボタン、ドングリなどを入れている

多いように思う。小学校以降のように購入した材料を使うことは少ないかもしれない。もちろん費用が潤沢にないということもあるかもしれないが、生活の中で工夫したり、再利用したりということを優先しているともいえそうである。

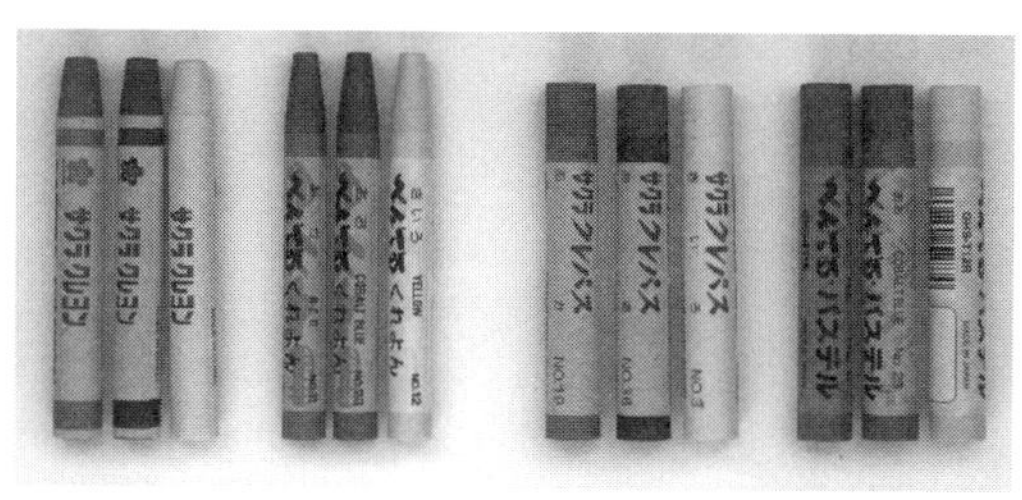

図版5-7　左からクレヨン2種とパス2種

39

クレヨンとパスの話

今回は、子どもたちが最初に出合う描画材であるクレヨンとパスについて話したい。いずれも棒状描画材で巻紙に包まれ[6]、幼い手に持ちやすいように太く短くつくられている[7]。十分な硬さを持ちながら、子どもにあった適度なやわらかさを持ち合わせた優れた画材である。最近では、互いのよい点を取り入れ、似た画材になってきたが、元々は違うものなので、各メーカーがそれぞれ発売している（図版5-7）。クレヨンはよく知られているが、「パスとはなに?」「クレヨンとは違うの?」といわれる方が多いので、まずは二つの違いから説明していきたい。

---

6 手で直接持って使うため、紙が巻かれている。また、他の色がついて汚れないためであり、折れにくくするためでもある。よって、紙が邪魔をしてかすれるようではいけないが、必要以上に取り除かないことが大切である。

7 持ち方は、最初「握り持ち」や「つまみ持ち」が多いが、最終的には「鉛筆もち」で描けるように指導してあげたい。

最初は名称について、クレヨンはどのメーカーもクレヨンという名称を用いているが、パスはメーカーによって名称が異なる。ここが煩雑なところである。パスとは本当はオイルパステルのことで、外国での一般名称もオイルパステルである。しかし日本では工業規格でパスと表記しているので、各メーカーは異なった名称をつけているのである[8]。

次は何が違い、どの様に使い分けるかである。一般的には、クレヨンはろう分を多く含んでいるために、パスよりも硬く、細い線描きに向いている。だから、製品の先は削ってとがらせてあることが多い。子どもたちは最初絵を線で描くことから、最初に使う画材として適している。また、ろう分が多いためパスに比べてツヤがあり、べとつかず透明感があるのも特徴である。一方パスは、油分を多く含んでいるのでクレヨンよりもやわらかく、のびがよいため面ぬりに適している[9]。しかし、その分、折れやすいので、少し太めにつくられているのも特徴である。発色は不透明で、重厚な絵に仕上がる。

次頁の表は他の描画材（絵の具やマーカーなど）と比較して、クレヨンとパスの長所と短所をまとめたものである（図表5−1）。

日頃、何気なく使っているクレヨンとパスだが、利点と共にこれだけの欠点もある。それでも、この画材が子どもにとってよいのは、やはり子どもの絵は線描きが主だからである。表を見てわかるように、扱いが容易であるのと同時に、線で描くには最良の画材である。年中・長になっても、絵を描く

8 クレパス、ふとパス、パッセル、パステル、ネオパス、オイルパステル、ネオパステルなどがある。パスは一九二五（大正十四）年、日本の桜クレィヨン商会（現在のサクラクレパス）が世界で初めて製造販売した。開発には、山本鼎（第1章6話（25頁）参照）が大きな役割を果たしている。

9 面ぬりに適しているといっても、あくまでクレヨンに比べてで、大きい画面をパスだけでぬりつぶすのは子どもたちにとって大変な作業になる。

図表5-1 クレヨンとパスの長所と短所

長所
①紙さえあればすぐに描ける。絵の具と違い、色を取り換えることが容易で、子どもは思いを率直に表現できる。
②絵の具と違い、乾かす必要がなく、乾燥して色が変わることもない。色は鮮明で、退色しない。
③絵の具のように固まったり、マーカーのように揮発して描けなくならない。
④いろいろなものに描ける（紙、木、石、布など）。
⑤やわらかく子ども向き。

短所
①一定の太さでしか描けない。細かい表現に不向き。広い面ぬりに不向き。
②絵の具のように完全な混色はできない（重色はできる）。その上、色数が限られているので多様な表現ができない。白を加えて明度を高めることができないので、色画用紙を使う時は薄めの色がよい。
③消すことができない。[10]
④折れやすい。[11]
⑤完全に定着するということがなく、いつまでも他に色移りする。

時は輪郭線が基本だから、利用価値は大きい。クレヨンとパスには、はじき絵[12]（図版5-8、バティック画ともいう）や、ひっかき画[13]（図版5-9、スクラッチ画ともいう）などの独自の画法があり、それらも上手く取り入れていろいろ経験させてあげたい。

最後に、入れられている色についても触れておきたい。色が定まっているわけではなく、各メーカーの商品ごとに入っている色が違う。入っている色の傾向は、八～九割ぐらいは共通で、よく使う一通りの色みがそろえてある。また完全な混色ができないから、白を混ぜ入れた「はいいろ」や「ももいろ」など似た色みでも、よく使う色は最初から入っている。あとは「ももいろ」

10 衣類などについた場合は、少し熱めのお湯（45℃）にひたし、洗剤をつけて硬いブラシでこすって落とす。

11 短くなったものや折れてしまったものを、溶かして再利用することもできる。シリコンやアルミ箔の型に入れ、オーブントースターで溶かす。加熱時間は1000Wで、三～四分。

12 はじき絵は、クレヨンやパスと水彩絵の具を使う。最初にクレヨン等で絵を描いた上から、水彩絵の具をぬる。するとクレヨン等のロウや油分が、絵の具をはじき、クレヨン等で描いた絵が浮き出てくる技法。

が入っていなかったり、その代わりに「だいだいいろ」または「むらさきいろ」が入っていたりである。各メーカーが独自性を出そうとしているようである。また、箱内の並び順であるが、他の色がつかないためにも元の場所に戻すのが基本だが、これも、メーカーごとに並び順が違っている。また、外国のものには、多くの日本人が肌に使う「うすだいだい（ペールオレンジ）」は入っていない。お国柄も影響しているようである。

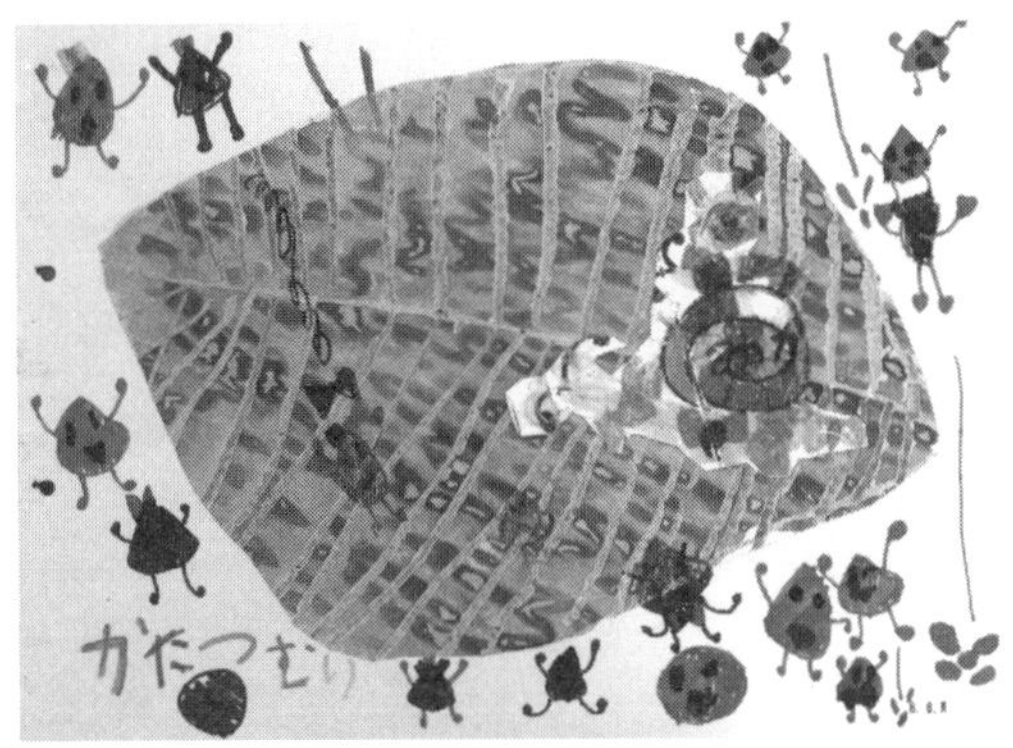

図版 5-8　はじき絵。葉脈をクレヨンで描き、その後で葉っぱを絵の具でぬっている。絵の具をたくさんぬったので、しわができ、たらし込み[14]のような効果がでている

図版 5-9　ひっかき画。下地にいろいろな色を使うと、黒い画面から色鮮やかな絵が浮きあがる作品になる

13　ひっかき画とは、まず画用紙全面を、いろいろな色のクレヨン・パスでぬる。その上から黒などのクレヨンをぬって色面を覆い隠す。その後、尖らせた割り箸等で、引っかくことによって絵を描く。引っかいたところは、黒いクレヨンがかきとられ、カラフルな絵が出てくる。また、新しい方法として、黒い絵の具に46話（166頁）で紹介しているように洗剤を数滴入れる技法を使って、上にぬる方法もある。クレヨン等で画面をぬりつくすのは、子どもにとって根気のいる方法なので、この方法も活用したい。

14　たらし込みとは、彩色技法の一つで、最初の色をぬってまだ乾かないうちに、他の色をたらし、そのにじみやムラを効果とする技法。

40
マーカーを使う

マーカーとはあまりいい慣わされていない言葉である。筆者も「マジック（マジックインキの略称）」とか、単純に「ペン」と言ってしまう。しかし、正式名はマーカー（マーカーペンともいう）であろう。マーカーの意味は文字通り「しるしをつけるための筆記具」である。別称にはフェルトペンやマーキングペン、サインペン（細い水性のもの。もともとは商品名だった）などがあり、変わったところでは蛍光ペン、筆ペンなども同じカテゴリーに入れられよう。共通している仕組みは毛細管現象によってペン軸となる容器からインクを吸い出し、描くことである。いま列挙しただけでも種類はいろいろあるが、分類の方法としては、主に使用されるインクの違いで分類できる。インクは主に溶剤と着色剤からできており、溶剤が水の場合は水性といい、有機溶剤の場合は油性という。着色剤は溶剤に溶ける着色剤が染料、溶けずに混ざるだけのものが顔料である。

この分類に従った主なものの特長は次の表のようになる。

図表5−2　マーカーの種類と特徴

	商品名	適している用途	長所	短所
水性染料マーカー	サインペン ラッションペン	紙	①比較的に安価。 ②においがない。	①時間が経つと退色[15]する。 ②にじむ。 ③耐水性ではない。 ④濃い色の紙に描くと認識しにくい。
水性顔料マーカー	ポスカ プロッキー	紙、木、ガラス、プラスチック、金属	①にじまず、裏うつりしない。 ②においがない。 ③金色、銀色、白色などがある。 ④重ね描きができる。 ⑤乾燥後は耐水性。	①金属、ガラスにも描けるがひっかくとはがれる（固着性が弱い）。 ②比較的に高価。
油性染料マーカー	ハイマッキー マジックインキ	紙、布、木、ガラス、プラスチック、金属、ゴム、ビニール	①乾きが速い。 ②消えにくい（耐水性）。 ③いろいろなものに描ける。	①紙に描くと裏うつりする。 ②ふたをしないと溶剤が揮発して描けなくなる。 ③有機溶剤のにおいがする。

その他には油性顔料マーカー（ペイントマーカーなど）がある。また、ペン先はいろいろな形状のものがある。

15 退色の原因は紫外線などによって着色材が分解され、本来の色が出なくなってしまうためである。色みでいうと黒や青に対して赤や黄が退色しやすい。

保育・教育の現場では、クレヨンやパス、色鉛筆のように色を塗る素材としても用いられている。マーカーで描くのは筆圧が要らないため、その点では子どもに向いている。マーカーを使った子どもたちの造形あそびは、水性染料マーカーを使ったにじみ絵がある（図版5-10）。最後に使用するうえで留意することは、有機溶剤が使われているマーカーは、アレルギーを持つ子がいるので、こまめに換気をすることが大切である。また、使用後はキャップをしっかりしめることである（乾燥を防ぐため）。

図版5-10　水性染料マーカーで描いた後、筆に水を含ませて描き加えたにじみ絵（学生作品）

図版 5-11　フィンガーペインティングに加え、スポンジも使って描いている

41

初めての絵の具

子どもたちが園で初めて絵の具を使うのは、三歳前後からであろうが、どんな取り組みをすればよいだろうか。ちょっと目を離したすきに、絵の具を手のひらにぬって大騒ぎになったり、画用紙が絵の具でぐちゃぐちゃになったりということも起こらないとは限らない。こちらとしては、きちんと絵を描いてほしいのに……。でも焦りは禁物である。

最初は子どもたちだって絵の具がどんな素材か確かめてみたいんだと思う。これはどんな画材や材料でも同じことだ。だから、手にぬったり、画面をぬり潰したりするのである。乳児は、なんでも口に入れてしまう探索行動が知られているが、それと同じことである。大人だって、初めて使うものは、

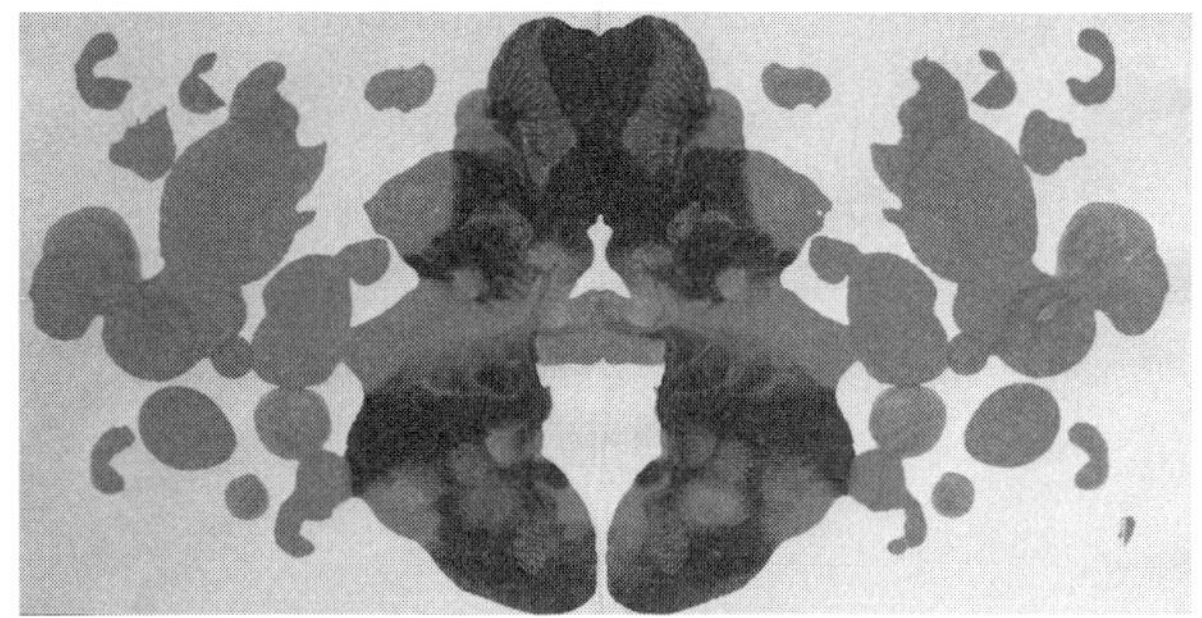

図版 5-12　合わせ絵（デカルコマニー）。失敗はないので、絵の苦手な子も楽しんで制作できる。偶然できた形から想像も膨らんで楽しい

図版 5-13　点と線で色遊びをしていたら、楽しくなって真っ赤に。白い紙が赤い紙に変身だ

どうなっているのかわからず、試してみるのだから。だからまずは、色水遊びや合わせ絵[16]（図版5-12）、フィンガーペインティング[17]や手形足形などの遊び要素の強い活動で絵の具を十分に経験し、その後、筆を使って点・線・面の色遊びの様な活動を徐々に行っていくとよいと思う。そうした活動を繰り返すなかから、絵を描くという意識が、自然に育っていくのである。

最後に用具について付け加えておきたい。筆を初めて使う場合は共同で使う絵の具スタンド[18]がよい。筆は色数だけ準備しなければならない。絵の具の溶き具合は最初は水分が多めがよいようである。もちろん初めは保育者がすべて準備してあげてほしい。しずくが落ちないように使い方の説明も必要である。そうすれば、後は子どもたちの創造力に任せればよいのである。

図版 5-14　市販の絵の具スタンド

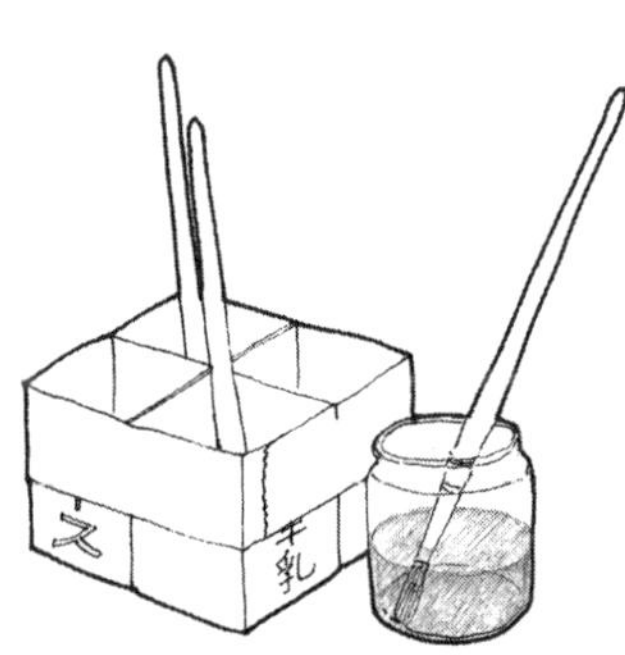

図版 5-15　手づくりの牛乳パック絵の具スタンド（ガムテープで四つを固定する）と空きびんを利用した絵の具スタンド

16 合わせ絵は、デカルコマニーともいう。画用紙を二つ折りにして、再度開いた後、片面に絵の具をつけ、折りたたんで、もう一つの面に絵の具を転写させる技法である。

17 フィンガーペインティングは指絵ともいう。粘性を加えた絵の具（でんぷんのりを加えればよい）を使い、指や手のひらで直接描くことをいう。筆を持つのが、おぼつかない幼い子に向いている。心の解放にもよいとされる。一九三一年にローマで教育者のルース・フェゾン・ショウ（Ruth Faison Shaw 一八八九～一九六九）が試みて名付けたのが始まりとされている。開発のきっかけは偶然で、洗面所で子どもの傷にヨードチンキをぬった時、その子が手につけたヨードチンキをドアに嬉しそうにつけていた様子から発想を得たそうである。

18 絵の具スタンド以外に、市販のものでは梅皿や溶き皿があるが、子どもたちにとっては、筆がすっぽり入り、安定して筆が転がり落ちることがないものがよい。空きびんや牛乳パック（ビニールコーティングしてあるので適している）をつなげてもよい。

42
絵の具や用具の種類と使い方

　子どもたちが思い描く造形表現を実現するには、材料や用具の正しい使い方を身につけていなければならない。そしてそれは、活動のなかで、何度も体験することによってしっかり習得する必要がある。そのためには、保育者がしっかり扱い方を学んでおかなくてはならない。特にここで扱う絵の具類は、クレヨンやマーカーなどと違い、使う品数も多く、最初は園側が準備する場合がほとんどで、共同で使うことも多い。保育者を目指す者は、しっかり身につけておきたい。

(1)水彩絵の具とポスターカラー絵の具、およびその他

　子どもたちにとっては、水彩絵の具やポスターカラー絵の具のように水性のものが扱いやすい。だから現場ではよく使われるが、同じものとして使わ

れたり、混同されて使われている。しかし、本来は別物なので、その点を理解しておきたい。組成成分[19]がまったく違うわけではないが、水彩絵の具は色の粒子（顔料）が細かく、のり分が多いため、多めの水で薄めてぬっても剥がれることがなく、その分、重ねぬりが可能で、重色の効果を出しやすい。そうした理由から、人物や風景を描くのに向いている（ムラを効果的に活用したり、微妙な色の重なりなどの細かい表現が可能）。厳密には半透明水彩絵の具（マット水彩）と透明水彩絵の具があり、半透明水彩絵の具は、園児、小学生向きであり、透明水彩絵の具は、中学生以上に向いている。

一方、ポスターカラー絵の具は、本来、最適濃度に溶いて一度でぬる絵の具で、水彩絵の具より色の粒子が大きく、被覆力[20]がありぬってもムラになりにくく、発色がよい。だから、名のごとく広い面をムラなくぬるポスター、看板制作などに適している。保育現場で使われるポスターカラー絵の具は、粉絵の具や大きいチューブのものなど、共同制作用のものがある。まとめると、透明または半透明である水彩絵の具に対し、ポスターカラー絵の具は不透明といえる。

その他の絵の具には、パレット一体型の固形絵の具（水を含ませた筆で絵の具を溶かして使う）や、フィンガーペインティング用の絵の具がある。最近では、はじくもの（ペットボトルや牛乳パック）にも描ける水性絵の具も開発されている。それ以外にはアクリル系絵の具（中学・高校での使用が多い。水溶性だが乾く

---

19 いずれも色素（顔料）とメディウム（展色材）からつくられている。メディウムとは、アラビアゴム（のり）やグリセリン（潤滑剤）などである。

20 ポスターカラー絵の具は、被覆力を持たせるために、各色に白色顔料を混ぜている。よって発色が白っぽくなり彩度が低くなる。

と耐水性となる）を使う場合もある。

(2) 用具と種類[21]

①パレット

ここからは、水彩絵の具などと一緒に使う道具について、言及したい。前話でも触れたように、初めて絵の具を使う子どもたちには、絵の具スタンドに、保育者が絵の具を溶いて準備し、一色に筆一本を使う方法がよい。その後は、園や年齢によっても違うが、個人でパレットを使うところもあるようだ。では、基本的な使い方を紹介したい。パレットは水彩絵の具用のものと、ポスターカラー絵の具用のものとは違う。水彩絵の具用（図版5-16）は、屋外で写生する時のために折りたたんで持ち運びができるようになっている。また、手で持って使えるように親指を通す穴がある。使い方としては、すべての色を小さいスペースに出す（箱に入っている順に出す。もし使わない色があったら無駄のように思えるが、いろいろな色を混ぜ合わせて描く水彩画の性格上、すぐに使いたい色を使えるように出しておくのが基本である）。使用後は、毎回パレットを洗

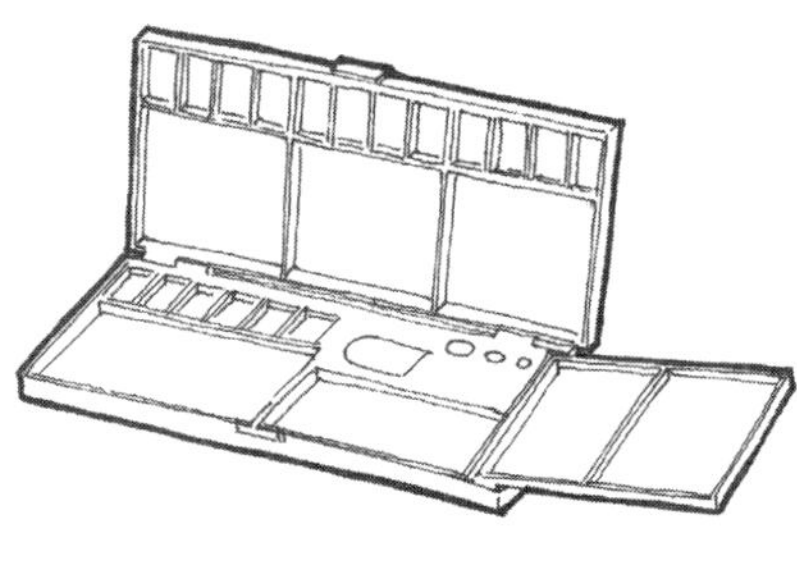

図版 5-16　水彩絵の具用パレット

21 用具の机上配置図（右利き用）

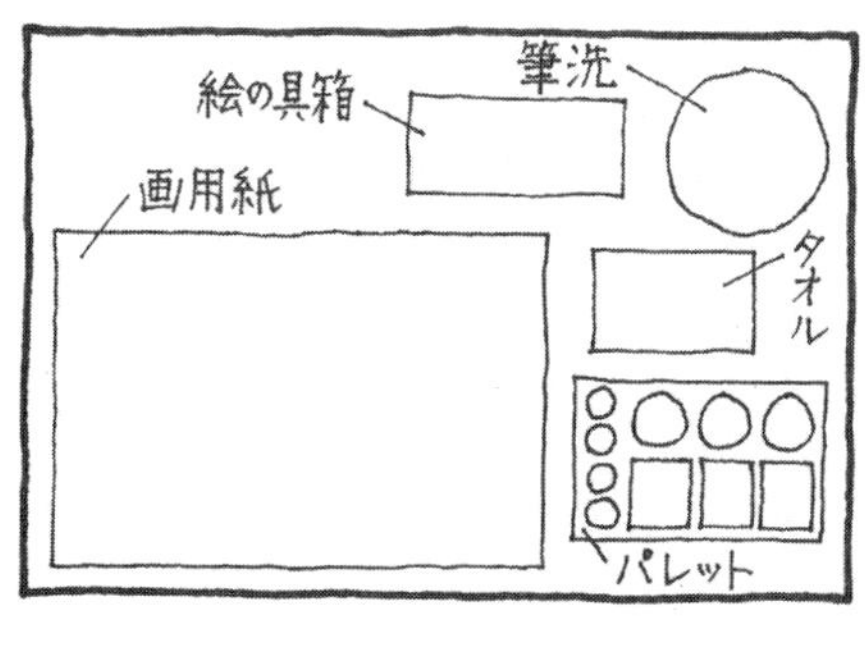

う慣習があるが、大きいスペースだけをきれいに洗うか拭き取れば十分で、小さいスペースの各色は固まってしまっても、次回、水を加えれば再使用が可能である。子どもたちには「小さい部屋から絵の具を取って、大きい運動場で混ぜます」と伝えるとわかりやすい。前段階までは、保育者が水で溶いて色をつくってあげていたので、個人で使う場合、水で溶かずにそのまま使う子も出てくるので、使い方をきちんと教えてあげたい。

一方、ポスターカラー絵の具用パレット（図版5-17）は、基本的に机上で使うため、平らな一枚の板状になっており、絵の具を溶いて入れるスペースも使う量に合わせて大中小のサイズになっている。それは、ぬる色をチューブから出してそれぞれ適度な濃度に溶いて使うというポスター制作の色使いのためである。

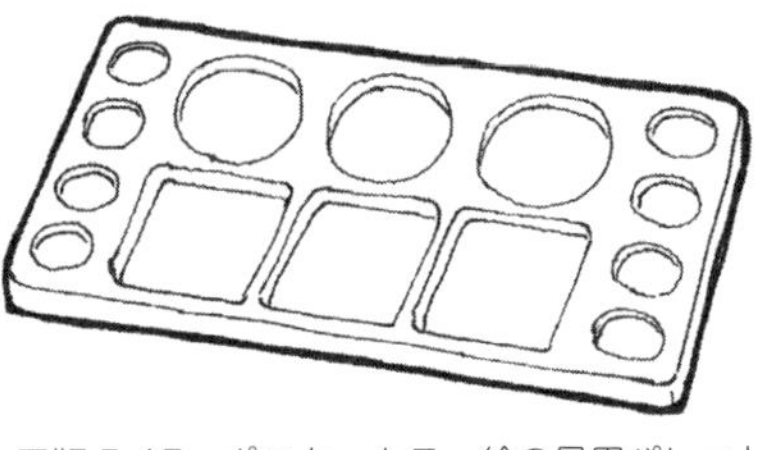

図版 5-17　ポスターカラー絵の具用パレット

②筆など

筆には、丸筆と平筆がある。サイズもたくさんあるが、基本的には丸筆の細・中・太と、平筆の中～太が一本あればよいであろう。穂先は適度なコシがあり、絵の具の含みが十分なナイロンのものが扱いやすくてよいと思う。[22] また、大きい面をぬるのに共同で使う刷毛が園にあるとよいかもしれない。

22　筆は使用後必ず洗う。洗った後は乾かし、形を整えることが大切である。そうしないと穂先が変形したり、カビが生えたりしてしまう。

筆以外にはローラー（平や丸）や綿棒、割りばしペンやスポンジなど用途に合わせて使ってみると多彩な表現が楽しめる。

③筆洗

　水を入れて筆先を洗う容器である。三槽以上あるとよい。

一番大きい槽では、絵の具のついている筆先を洗う。もう槽では仕上げすすぎを行い、筆を完全にきれいにする。残った槽は、なかの新しい水を次の絵の具を溶く場合に使うのである[23]。水が濁ってきたら、絵の具を濁らせないためにも、水をこまめにかえたい。

　その他に筆を拭いたりするタオルや筆筒があるが、最近では、そうした絵の具の用具一式とバッグがセットになったものが販

図版 5-18　ある園での光景①。道具棚に整理整頓された用具類（溶き皿（大）、梅皿、スポンジ、筆、絵の具スタンドなど）

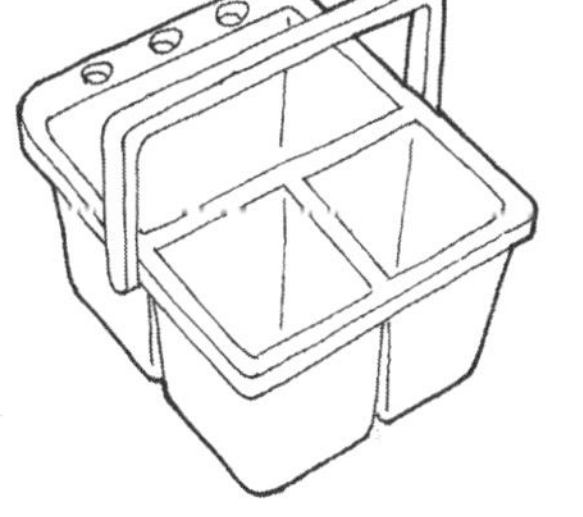

図版 5-19　三槽の筆洗

23 筆洗の使い方について、子どもたちにしっかり理解してもらうためにはタオルと合わせて次のように説明するとわかりやすい。①シャワー（泥を落とす）→②お風呂（しっかり洗いきれいにする）→③バスタオル（拭いて乾かす）→④飲み水（新しい絵の具を溶く）。

売されている。

図版 5-20　平ローラーを使って色をぬる

図版 5-21　大人たちが、なぜ子どもの絵に心惹かれるのか。それは、大人たちがすでに失ってしまった人間が本来持っていた何かをそこにみるからではなかろうか

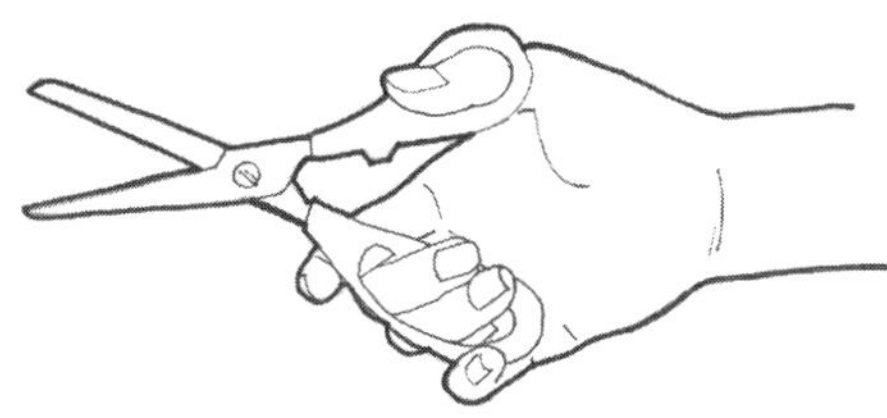

図版 5-22　正しい持ち方の図（右利き用）

43 ハサミ
——子どもが初めて出合う刃物

いつだったか現代っ子は箸や鉛筆が正しく使えないことが新聞で話題になった。大学で観察しても間違っている学生が少なからずいる。筆者は、古い人間なので、親に何度もしつけられたが、昨今では、一律に家庭内で厳しく教えることはないのかもしれない。しかし、一方で鉛筆を正しく持つための補助具が売られていたり、持ち方を矯正する箸が開発されたりしている。また、園でも正しい箸の持ち方の指導があり、保育者たちが一生懸命に教えている。それはやはり、正しい使い方には、無駄がなく実用的であるなどの利点があるからだろう。

　では、造形で使う道具類、特に刃物はどうであろうか。保育者としては避けて通れない問題である。刃物となると安全性のことも加わり、なおさら正しい方法で使うべきである。では、子どもが初めて使う刃物はと考えるとやはり筆頭はハサミ[24]である。年少ぐらいから徐々に使い始める。ご存じの通りハサミは、二つの刃で挟んで切る道具である（ナイフの刃のようにさほど鋭角ではない分、二つの刃で押し切るのが特徴である）。梃子の原理を使っているので少ない力で切ることができる。園では、ハサミは個人持ちのところが多いと思う。それだけ使用頻度が高いということである。しかし、世間では、箸や鉛筆のようにハサミの持ち方が取りざたされることはない。箸と鉛筆ですら家庭で教えていないのだから、当然、ハサミの使い方を教えるの

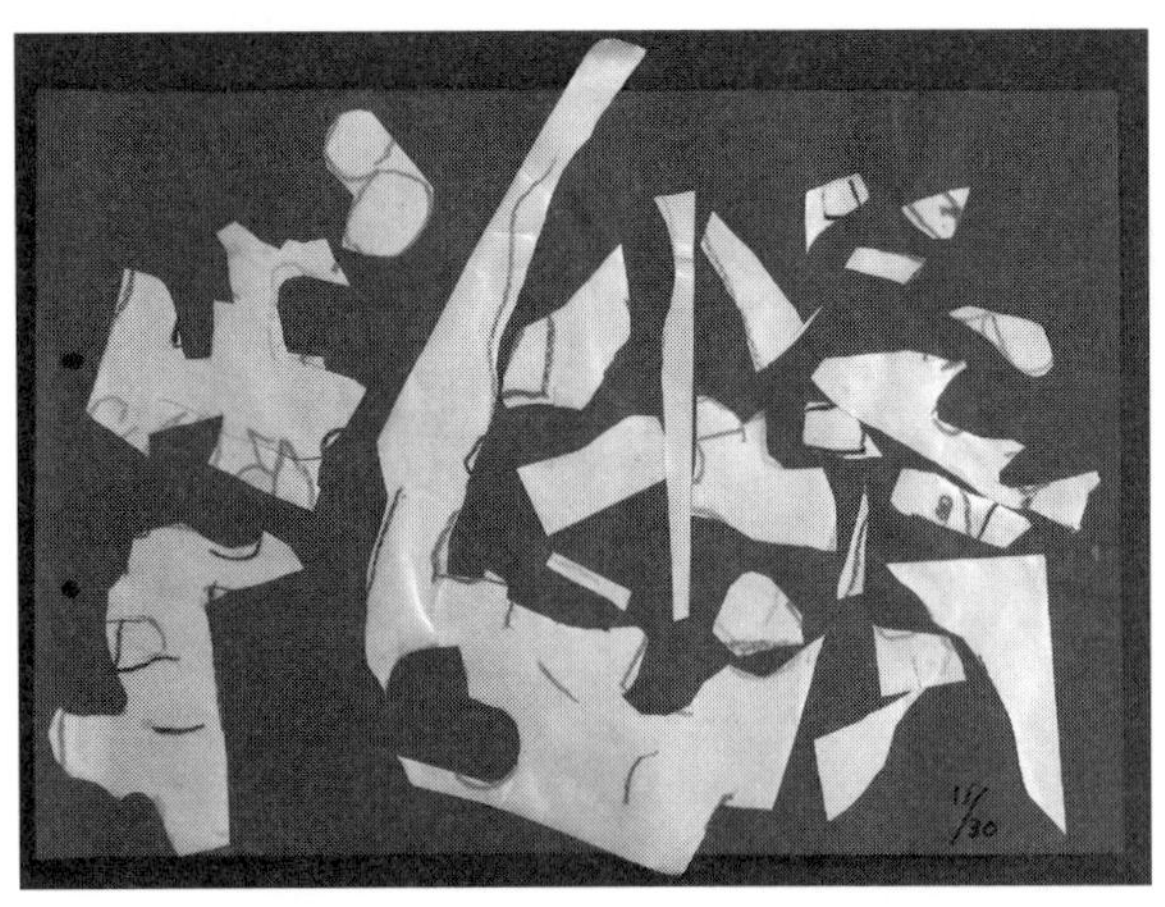

図版 5-23　描き、切り、そして貼るという行為の三重奏。偶然性も介在し、傑作となった。台紙からはみでているのも心憎い

24 ハサミは、工作用のものだけでなく、プラスチックやアルミなどの軽金属を切断できるものまである。子どもには、子ども用のハサミ（子どもの手にあったサイズで、先が丸く、キャップ付き）があり、左利きの子には、左利き用のハサミもあるので、そうしたものを選んであげたい。

は、園や学校ということになろう。刃物は危険が伴うからと遠ざけるのではなく、しっかり使い方を教え、危険を回避しながら使いこなせるようにしてあげたい。

(1) ハサミの正しい持ち方

ハサミの正しい持ち方は図版5-22のごとくである。ポイントは人差し指を前に出して、多くの指でしっかり柄を持つことである。そうすることによって安定性が増し、力加減を容易に調整でき、安全に使える。また、厚いものを切る時など力も加えやすい。使い方をよく指導している園では、保育者が保管するのではなく、幼児が自分の道具箱にハサミをしまっていて、自由に使っている。そして、そうした子どもたちは、驚くほど器用に使いこなしている。

(2) ハサミの教え方

子どもへのハサミの段階的な教え方は次の通りである。刃物なので十分な注意喚起が必要であるが、過度に危ないといいすぎてしまうと、使い始める前から緊張しすぎてしまう子もいるので注意が必要である。

①最初に、ハサミの刃を鳥などのくちばしに見立てて、パクパク動かして使うことを教える。その後はハサミを持って、にぎったり開いたりして練習をする。
②次に、テープのような幅の狭い紙を準備し、一回切り（開閉一回で切る方法）の練習をする。
③その後は、大きい紙を使い、連続切り（刃を完全に閉じるのではなく、何度も切ったり開いたりしながら、切り進めていく方法）の練習をする。
④最後は、線に沿って切ったり、厚紙や重ね切り、切りにくいもの（ポリ袋など）にも挑戦したりする。

子どもたちは何回も使うことで、慣れていく。頭で理解するというよりは、何回も体験することが必要である。また、楽しみながら習得していくことが大切となる。④の重ねて切るところでは、色紙を折り重ねて切って（切り紙）、対称形である花びらや雪の結晶をつくってみてほしい。開くまで完成形がわからないので、子どもたちは驚いたり喜んだりする。造形材料としても使うことが可能である（図版5-25）。ぜひ工夫して楽しい世界を経験させてほしい。

図版 5-24　楽しい雰囲気のなかで活動を進めます。まだおぼつかない子には、保育者が手を取って援助します

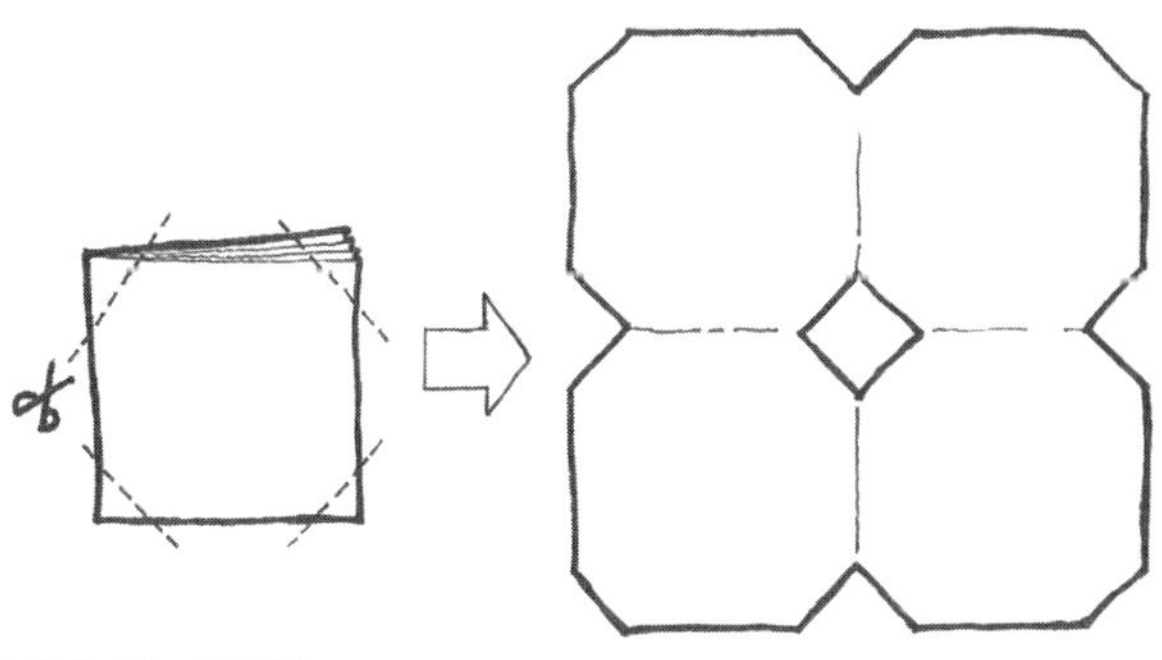

図版 5-25　切り紙

(3) ハサミの使い方、または留意点

大きい紙から小さいものを切り抜く時は、まず大まかに切り取る（図版5-26）。そうしないと余りの部分がハサミの動きを邪魔して切りにくい。その後、一筆書きのように切り進めていければよいが、それが難しい箇所（くぼんだ形）は、両端から切り込むなどの方法を教えてあげるとよい（図版5-27）。また、円形に切り抜く時などは、紙を動かすことを教えてあげたい（図版5-28）。そして、ハサミは梃子の原理が応用されているので、牛乳パックなど厚いものや、枚数を重ねて切る時は、カシメの近くで切ると容易に切れることも教えてあげたい[25]。

最後に、ハサミは刃物であることを忘れず、ハサミが進む方向に手を置かないことを徹底させたい。また、間違った使い方（ものを削ったり、穴あけに使う）は怪我や破損の原因になるので行わせないようにしたい。使った後は汚れ（のりなど）を拭き取り、刃を閉じて、保管方法に留意（キャップをつけ、机の隅においておくなどし、最後は必ずお道具箱などにしまうようにしたい。決してポケットに入れたまま忘れると危険である）することも伝えなくてはならない。

---

25 カシメと厚いものを切るときに使う部分（点線部）。

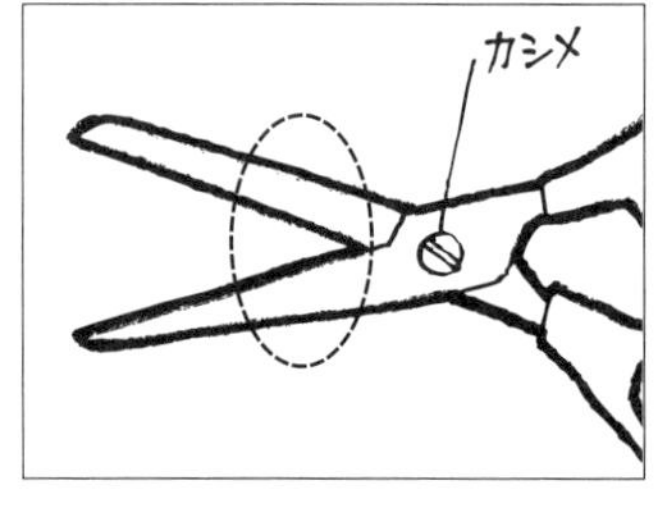

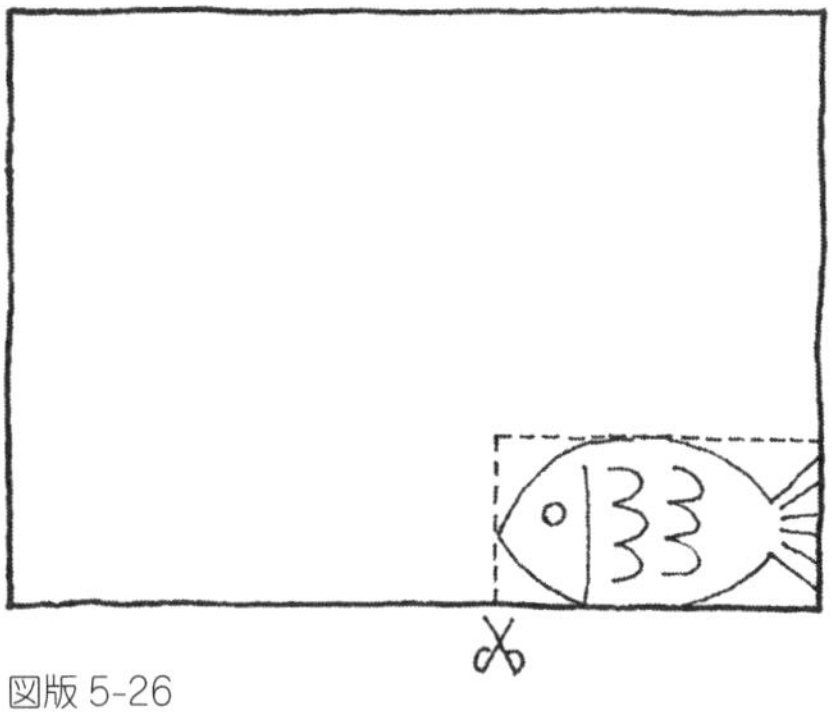

図版 5-26

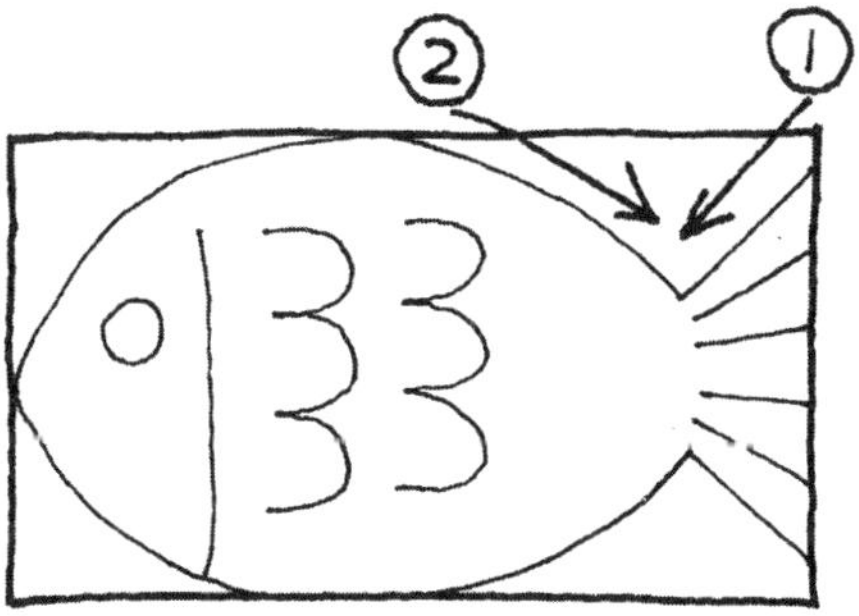

図版 5-27

図版 5-28

44

ものとものをくっつける話

図版 5-29　ていねいに接着剤をぬります

(1) 接合と接着と粘着のこと

　造形の世界ではプラスしていく造形と、マイナスしていく造形に分けることがある。プラスの造形とは、素材を貼ったり、つなげたりするなど足していく造形である。一方でマイナスの造形とは、切ったり、彫ったりなど取り除いていく造形だ。もちろんそれぞれ一括りにはできない面もある。

　プラスの造形のなかで、他材を何も使わずにそのものだけで接ぎ合わせることができる素材（粘土など）や方法

（組手など）[26]もあるが、通常は他の何かを使って接合[27]する。具体的には、糸で縫ったり釘で打ちつけたり、またはひもで縛ったりホチキスで綴じたりなどである。そして、最も多用されるのが接着剤で貼ること（接着）である。

接着剤は、近代になって、改良が重ねられ最も進化した素材といわれている。飛行機の外装を貼るにも、現代ではかつてのようにリベットではなく接着剤だし、身近なところでは歯の治療もすべて接着剤が使われている。接着の主な原理は、接着剤が表面のでこぼこに入り込み、硬化[28]して材料をつなぎ留めるのであるが、接着剤は、材料との相性があって、適したものを使う必要がある。そして、最近では、リサイクルを考慮して剥がせる技術も進んできているようである。また、接着によく似たものに粘着がある。これは接着剤のように固着するのではなく、粘りでくっついている状態である。よく知られている例は粘着テープだ。どんなものにも使うことができるが、粘着なので剥がれることがあり、劣化も比較的早く起こる。

(2)子どもたちが使う接着剤のこと

接着剤は、子どもたちにぜひ体験させたい材料である。園で子どもたちによく使われてきた接着剤はでんぷんのりで、今もって多用される素材である。でんぷんのりは、植物性でんぷん（キャッサバやトウモロコシなど）が主原料で、昔からある安全なものであるため、手で扱う子どもたちに、多く使われてき

---

26 組手とは二つの部材にそれぞれ切り込み（ほぞ、ほぞあな、かきこみ）を入れ、組み合わせて接合する方法。

27 接合とは、ものとものを接ぎ合わせることで、接着や粘着も包含されている。

28 硬化方法にも種類がある。溶剤（水やシンナーなど）が揮発して固まるもの。主剤と硬化剤が混ざって固まるもの。湿気と化学反応をして固まるもの。冷やされて固まるものなどである。

た。[29]今風にいえば人にも地球にも優しい材料といえようか。

しかし、でんぷんのりは、薄い紙以外の素材（厚紙や段ボールなど）には、あまり適していないので、必要に応じて別の接着剤を使う必要がある。接着剤は種類がいろいろあり、使い方を間違えると接着できないばかりか、材料が溶けてしまったりと、困った事態になるので、説明されている用途に従って使用したい。

図版5-30　大きい容器ののりは紙の上に広げて出せば、たくさんぬりすぎることはない

でんぷんのり以外で、よく保育現場で使われるのは、木工用接着剤（酢酸エマルジョン系）である。固まると強度があるので紙だけでなく、段ボールなどにも使える。よって保育者も用いる接着剤である。水溶性なので、はみ出た場合は濡れタオルで拭き取ることができ、水で薄めて筆でぬっても十分な接着力があり、大きい材料を貼り合わせる作業等に便利である。また、乾けば透明になるので、使い勝手がよい。[30]

その他にも、ビニール用の接着剤

29 大きい容器のものから、個人持ちの小さいサイズのもの、また、チューブのものもある。でんぷん糊は水分が蒸発することによって硬化するが、それによって体積がほぼ半減するため、貼った部分にシワができやすいのが難点である。また、糊の乾燥を防ぐために、容器のふたをしっかり閉めることが大切である。

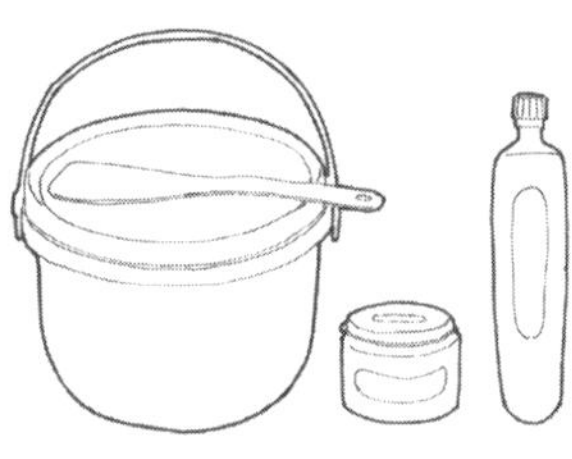

30 木工用接着剤は、比較的乾きが速い。水で薄め、筆でぬる場合は、三割ぐらいの水を入れる。よくかくはんする必要がある。

や、水に溶けない合成ゴム系の接着剤などいろいろな用途に合ったものが販売されている。ところで近年よく売られている強力接着剤は、とても便利なように思うが、早く硬化してしまったり、保存ができなかったりで、子どもたちが使用するには注意が必要である。また、有機溶剤を使っているものは、換気に配慮しなければならないし、アレルギーの子には適していないので、大人が十分に留意しなくてはならない。

(3) 指導上の留意点

ここからは、使う時の準備や使い方、および子どもへの具体的な指導方法、留意事項を紹介する。子どもが、のりを使って何か制作をするのは、三歳頃からである。その前は同じ貼る活動としてシール貼りを楽しむのもよいと思う。

まず使い始めの準備として、のりで汚れてもよいように机にはビニール製のテーブルクロスを敷くことが多い。その上に牛乳パックなどで作ったのりづけ用の台紙も必ず準備したい。牛乳パックはビニールコーティングされているので、再利用も可能である。でんぷんのり自体は、個人持ちの小さい容器の場合はそのまま指で取って使うが、大きい容器から取り分ける時やチューブなどの場合は再利用もできる紙皿や牛乳パックなどに出して、そこから指でとるようにするとつけすぎなくてよい。

手についたのりについては、べたべたになることを嫌う子もいる。その都度、洗いに行っては、席を立つ子が多くなってしまい、みんなが活動に集中しにくい環境になってしまう。そうならないためにも最初から濡れタオルを必ず準備したい。すぐ拭けば、他を汚すことを防ぐこともできる。

また、使い始めの頃は、一点づけでよいが、慣れてくれば、全面にのばしてぬるように心がけたい。のりの使い方は、薄く均一にのばしてぬり、貼り合わせた後に圧着するのが基本である（目玉クリップや洗濯バサミ、輪ゴムで押さえておくこともできる）。子どもは、ややもするとたくさんぬりすぎてしまうので、その都度、適量を教えてあげることが大切となる。その時も「少し」と抽象的な表現ではなく、「○○の種ぐらい」とわかる言葉で具体的に教えてあげることが必要である。たくさんつけた方が、しっかり接着するように思えるが、けっしてそうではない。かえって強度が落ちてしまっ

図版 5-31　ある園での光景②。グループごとに準備された道具類（トレーの上にセロハンテープ、マーカー、両面テープ、濡れタオルと牛乳パックでつくった器）

たり、貼った後にはみ出したり、乾くのが遅かったりする。でんぷんのりは水分が多いので紙にしわがよったり、破れたりもする。一方でぬる量が少なすぎると、隅々まで上手に貼れず、失敗の原因になってしまう。広い面にぬる時は、道具（ヘラや筆など）を使い、大人が援助することも一方法である。

最後にのりを使った作品は乾くのに時間がかかるので、乾燥棚で乾かしたり、スペースがなければ洗濯ばさみにつるしたりして乾かすこともできる。

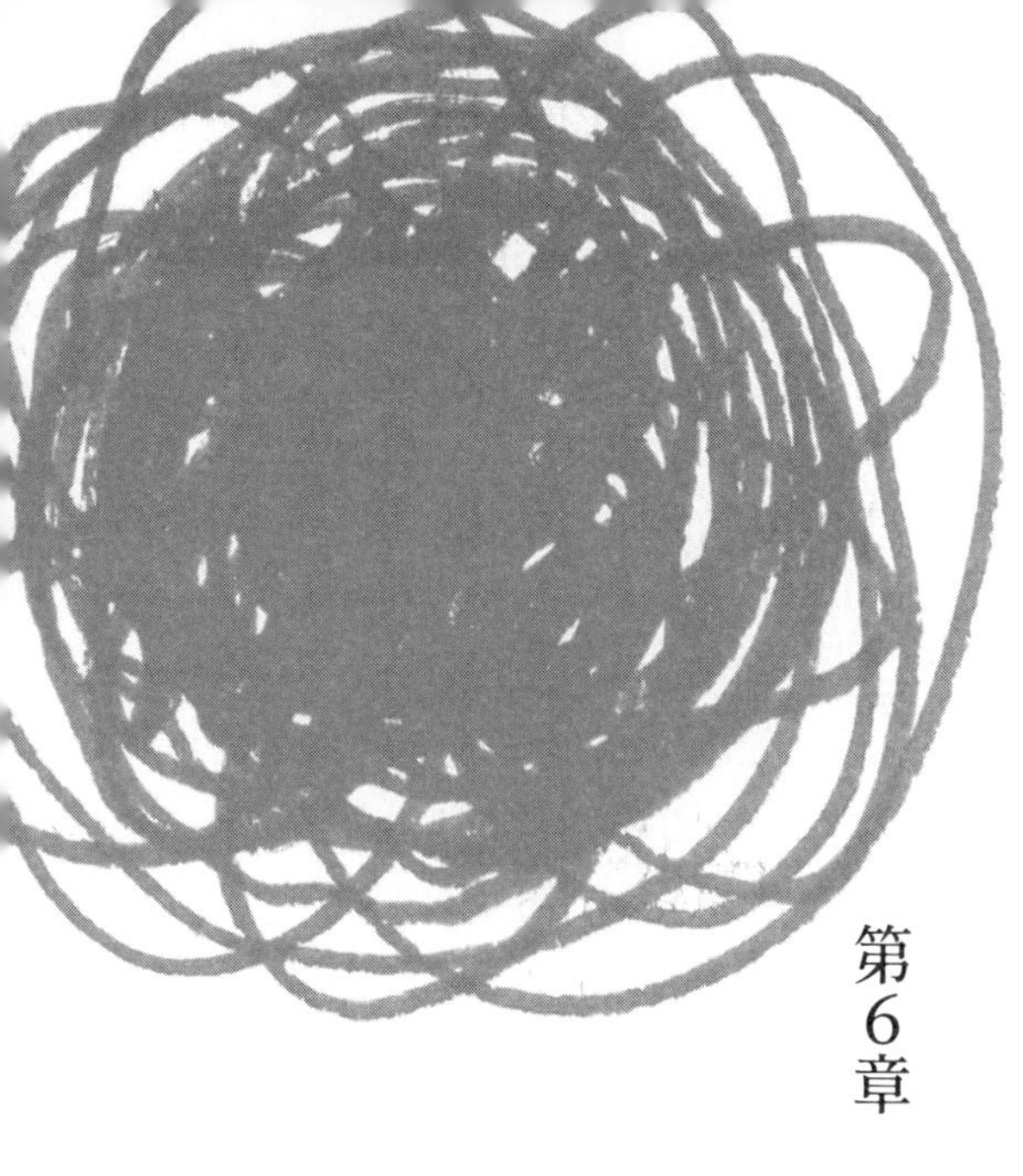

第6章　たのしい造形遊び

図版 6-1　液も道具も手づくりしたものを使っている

45

大きな シャボン玉づくり

いつの時代も、子どもたちに支持される遊びがある。シャボン玉ではなかろうか。その一つはシャボン玉ではなかろうか。ストローに液をつけ、ゆっくりと息を吹き込むだけで、七色に輝く玉がふわりと膨らみ、空へと舞い上がっていく。逆に、強く息を吹けば、いくつもの小さなシャボン玉が溢れでてくる。子どもたちは、つぶらな瞳を見開いてその行方をいつまでも追い続けている。シャボン玉は、子どもたちの心をつかんで離さない。

大きなシャボン玉をつくる液のつくり方

次の①から④の材料を、順番に混ぜてつくります。

①食器洗い用洗剤 250ml
②洗濯のり（PVA）400ml
③グラニュー糖 20g
④水 1500ml

図版6-2　子どもは吹いているが、本来は両手で柄を持って動かすと、一度にたくさんのシャボン玉ができる道具

そのシャボン玉も、時代とともに進化している。図版6−1、2は、子どもたちと一緒に大きなシャボン玉をつくった光景である。大きくても割れないようにするためには、粘性をあげて厚い膜ができるようにオリジナルのシャボン玉液を製作する。[1] また大きなシャボン玉をつくる手づくりの道具も必要である。針金製のハンガーを円形にし、シャボン玉液の含みをよくするために、毛糸や包帯を巻いてつくる。[2] また、液を入れるために大きめのバット（プラスチック、ステンレスなどの浅い容器）を用意する必要がある。

　眼で追い続けていたシャボン玉が、最後視界から消えた後、にっこりと笑ってこちらを見上げる子どもたちを見ると、大人はこの遊びを、またやろうと思うのである。

1　この場合、粘性を増すためにグラニュー糖をいれているが、溶けにくい場合はガムシロップでもよいし、他にグリセリンでもよい。粘性の大きい液を使うと、いろいろなシャボン玉（二重のシャボン玉や小さなシャボン玉を一度にたくさんなど）をつくることができる。

2
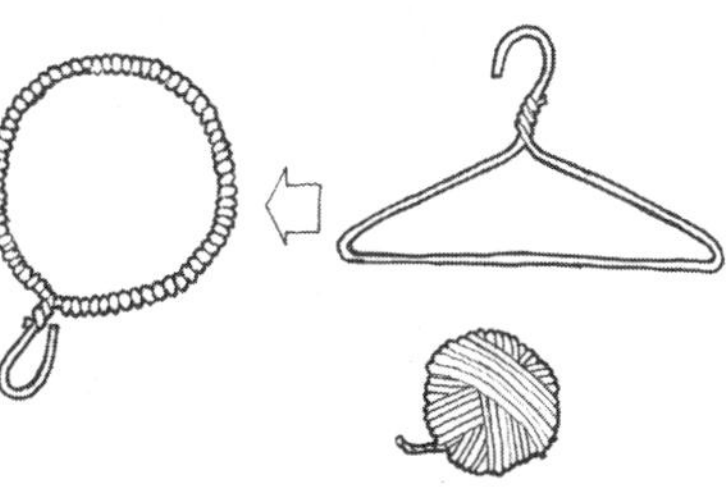

図版 6-3　服についてもきちんと洗い流すことができる

46

ポスターカラー絵の具でビニールシートに描こう

最近の造形素材は日進月歩で、昔だったら、実現不可能なアイデアを、現実の作品にしてくれる。例えばガムのように自在にのびる粘土や、あらゆるものをつけることのできる接着剤、いろいろな素材に描ける絵の具などである。しかし、そうしたものは、まだまだ高価であることが多く、子どもたちと気軽に使うには少し抵抗がある。そこで、今回は、普通のポスターカラー絵の具を使って、ビニールシートに絵を描く方法を紹介したい。

本来ならば、水性であるポスターカラー絵の具を使ってビニールシートに描くと、はじいてしまう。しかし、あら不思議、少し手を加えただけで、はじかずにビニールシートに描けるのである。その方法は、少し濃く溶いたポスターカラー絵の具に、食器洗い用の中性洗剤を二〜三滴入れるだけである。そうするとまったくはじくことなく描くことができる。原理は、洗剤の持つ界面活性作用[3]である。

園では、大きなビニールシートを屋外に固定し、共同制作を楽しむのもよいであろう。ビニールシートは向こう側が透けて見えるのでいつもと感覚が違い、そこに描けるとなると、子どもたちは目を輝かせて取り組む。応用として、安価で売られている透明ビニール傘に描く題材も面白い。ビニール以外にも、はじいて描けないもの（例えば、プラスチックやガラス、金属など）に応用することができる。

最後に留意事項として、描けたといってもそれは絵の具が付着しているだけの状態なので、保存はできない。しかし逆に、雑巾で拭けば何度でも描きなおすことができる。また、中性洗剤を使っているので十分な配慮が不可欠である。

3　界面とは、二つの性質の異なる物質の境界面のことで、二つの混じり合わない物質の間には、必ず界面が存在し、洗剤に入っている界面活性剤は、そのような界面に働いて、界面の性質を変え、二つを混じり合わせることができる。

47

手づくりスライム

スライムは、手につかない程度の粘性と湿った感触の物質で、引っぱるとのびる遊具である。子どもたちは、ただ触って、のばして遊ぶだけだが、時間を忘れ夢中になって遊んでいる。こうした素材はあまり他に例がないので、好奇心が湧き上がってくるのであろう。

市販のものとは違うが、スライムは手づくりすることができる。材料は、下表のとおりである。他にプラスチックのコップと、混ぜるために割りばしがあるとよい。しっかり混ぜないとゲル化しないので注意が必要となる。なお、絵の具で簡単に着色できるし[4]、ラメパウダーを入れる

手づくりスライムのつくり方
（一人分：コップ半分程度）
以下の材料を順に
混ぜ合わせていきます。

①水 40ml
②洗濯のり（PVA） 40ml
③ホウ砂液 20ml
（ホウ砂液はホウ砂1.6ｇを
水20mlに溶かす）

これら以外に、シェービングフォームを入れるとボリュームのあるスライムができる。

---

4 着色する場合は、最初に食紅や絵の具を水に溶かして色水をつくってから、他の材料と混ぜる。

とキラキラと輝いて子どもたちも喜んでくれる。

この手づくりスライムは、あくまで理科の実験教材として考案されたものなので、何日も遊ぶには不向きである。ふたをして乾燥しないようにしても、夏場は乾燥してしまうし、乾燥しない場合は分離してしまう。だから、せいぜい数日限りの造形遊びである。なお、原理を説明しておくとホウ砂のホウ素が、洗濯のりに含まれるポリマーを架橋し、ゲル化する反応を利用したものである。

ホウ砂は、本来、目の洗浄剤なので薬局で誰でも購入することができる。殺虫剤の合成に使うホウ酸とは別物なので、過度に心配することはないが、誤飲に対する配慮が必要であり、体験後は、きちんと手などを洗うようにしたい。

図版6-4　近年では土粘土には触ったことがないが、スライムに触ったことはある子どもが多い

48

ゴミ袋バルーン（ふうせん）で遊ぶ

図版 6-5　通常の空気を扇風機を使って入れる。注意は必要だが、完全な密閉空間ではないので息苦しいということはない

ゴミ袋を貼りつないでバルーンをつくることができる。小学生になれば、なかに入ることができるような大きいバルーン（図版6-5）をつくることも可能だが、幼児は二、三枚つないで飛ばして遊ぶバルーンをつくるのがよいだろう（図版6-6）。

ゴミ袋はビニール袋ではなく、ポリ袋である[5]。ビニール袋の方が昔からあるので、私たちの間で呼称として定着してしまっているが、今日ではレジ袋もゴミ袋も正しくはポリ袋

5　ポリ袋は紙袋や風呂敷よりも、現代人の我々の生活に浸透している。ものを入れるだけでなく、なかが透けて見えるし、軽くて丈夫なので、ほかにも用途がある。保育の世界においても同様で、50話（177頁）ではポリ袋で衣装をつくっている。いろいろなサイズや色がある点も造形素材として適している。

である。そして、ポリ袋は燃しても有害なガス等は発生しない素材である。[6]だから、気軽に使うことができる。

つくり方を説明したい。袋は厚すぎず薄すぎずで、0・04ミリ厚ぐらいのポリ袋を用いるとよい。二つのゴミ袋をつなげてつくる場合、一つの底部を切り取り、もう一つの口部と貼り合わせる。透明の幅広のセロハンテープを使って貼り合わせるが、ずれてしまう場合は、狭い幅のセロハンテープで仮止めし、その上から貼ってしまうとよい。袋づくりはそれだけで、あとは、保育者が扇風機を使って空気を入れ（図版6–7）、口を太い輪ゴムで閉じれば

図版 6-6　ゴミ袋は、長いチューブ状につくられたのち裁断されるので、裁断される前の長いものも販売されている

6　ガソリンと灯油の中間の石油留分であるナフサを主原料とし、炭素と水素からなる。燃焼後は二酸化炭素と水になり、灰が残るということもない。しかし、最近では、ポリ袋に限らずプラスチックごみが、処分やリサイクルされずに、そのまま海に流れ込んで、魚や鳥に害を与えたり、人にも影響を与えるなどの汚染問題になっている。

完成である。

子どもたちに制作に参加してもらうとすれば、油性マーカーで絵を描いたり、シールを貼ってもらう。また、ポリ袋は半透明なので袋のなかに入れるものをつくってもらうこともよい活動である。紙類でもよいし、音の出るものも楽しい。ペットボトルのふたなどの廃棄物を利用してもよい。

遊んでいるうちに、空気が抜けてしまうことがある。そうした場合は、再度空気を入れなおせばよいが、急場しのぎとして、口止めに使った輪ゴムを胴体の真ん中にはめれば、ポリ袋を絞り込むことができるので、しばらくは遊ぶことができる。

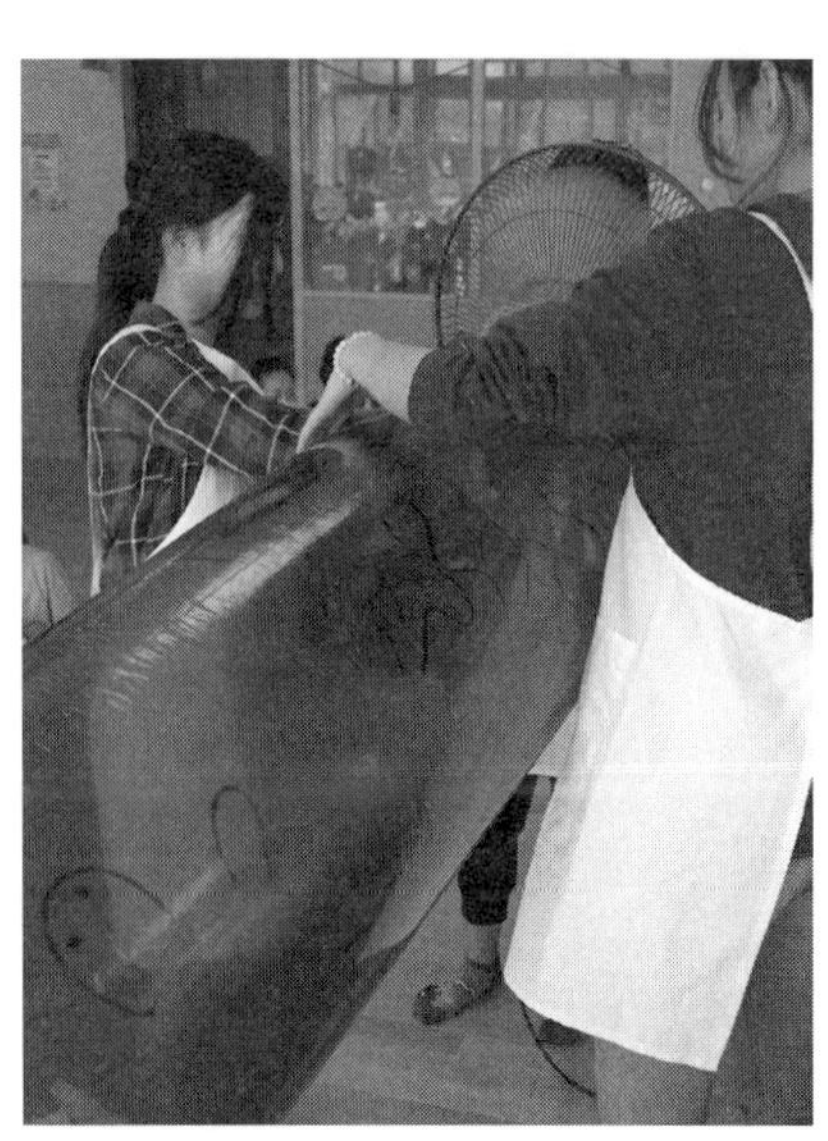

図版 6-7　空気を入れる場合は難しいので、大人が手伝ってあげる

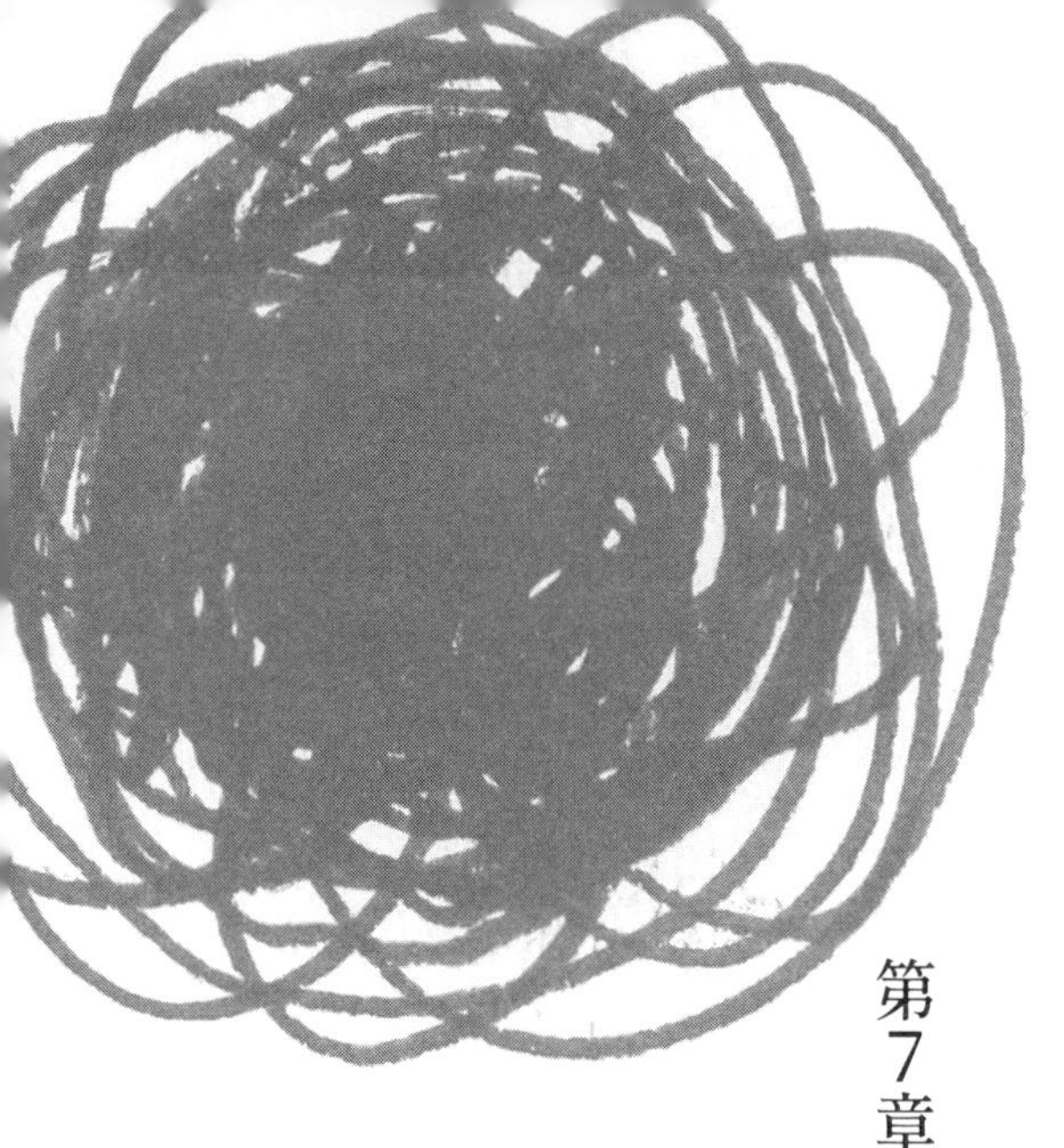

第7章

保育者を目指す人のための造形課題と模擬保育

49

造形課題Ⅰ「色紙を使って食事をつくろう!」

図版 7-1　葉っぱや枝、ひもや毛糸、木の実やもみ殻などいろいろなものを使って。つくっている時は、どうしても腹の虫が鳴ってしまう

【概要】

図版7－1は保育現場で子どもたちがつくったお弁当である。オレンジ色の毛糸によるスパゲティやティッシュペーパーと黒い色紙によるおにぎりなどが見てとれる。トレーは既製のものを使っているが、それ以外はいろいろな自然物や廃品を使って、子どもたちなりに楽しんでつくったものである。

ここでは、子どもたちがつくったものと同じ題材であるが、難易度を上げて、色紙のみを使って制作したい。食べ物の造形は、楽しい題材なので、しっかり取り組むことができる。

【ねらい】

保育の造形では紙をよく使う。よって紙の特性、加工方法を理解して、[1]工夫しながら制作する。また、子どもへの指導方法を想定しながら取り組む。

【作品例】

実際に学生がつくった作品を紹介したい。図版7-2はカレーライスである。紙をまるめてしわをつくり、それを再び広げ、しわを残しながら貼り、カレーライスを表現している。ふんわりと盛られたライスに、カレーがかかっているところを巧みに表現した例である。ポテトやニンジンもまるめるという同じ加工方法を使ってつくり、本物らしく表現できている。

図版7-3は、寿司の盛り合わせである。サーモン、生エビ、マグ

図版 7-2　学生作品《カレーライス》

1　紙の特性、加工方法は第5章37話（126頁）参照。

図版 7-3　学生作品《寿司の盛り合わせ》

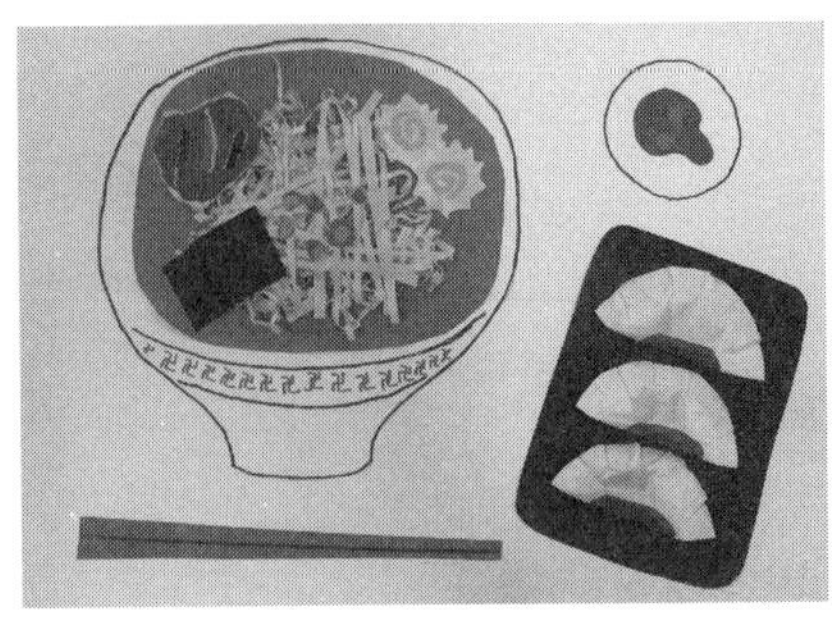
図版 7-4　学生作品《ラーメン・餃子セット》

ロの握り寿司や、イクラの軍艦、卵焼きなどが、折る、まるめる、切る、貼るなどの加工方法を駆使してつくられている。バランやガリ、箸も忘れずにつくり添えている。

図版7−4は、ラーメンと餃子セットである。餃子は折り目を生かしながら、皮を上手に表現している。ラーメンの麺は色紙を細く切り、スープに浮かぶ麺をつくり出している。ナルトやのり、チャーシューは大切な脇役であり、ないとラーメンには見えないので忘れてはいけない。一生懸命に取り組んだ例である。

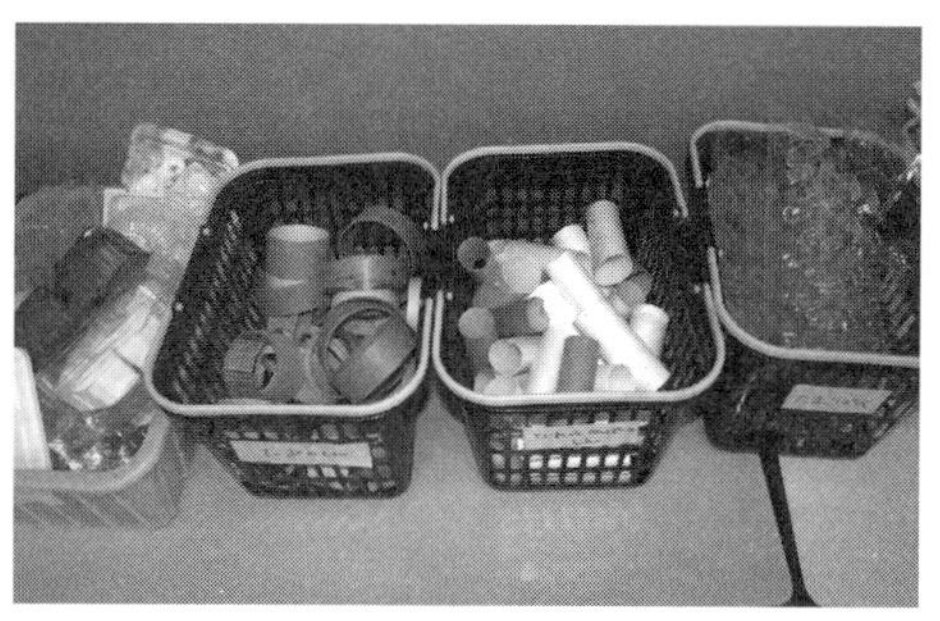
図版 7-5　ある園での光景③。こうしていつでも使える材料（廃品）が準備してあると、活発な造形活動が期待できる

50
造形課題Ⅱ「衣装をつくろう！」

【概要】

次に紹介する課題は、実際に子どもたち自身がつくることができ、園での行事や日常の保育に活用することを想定した衣装（服や帽子など）の制作である。子どもたち自身がつくることが可能な衣装であるが、ここでは、学生自身が着るために制作したのち、音楽会やオペレッタなど舞台での利用を想定し制作する。また、廃品をはじめとしたいろいろな素材を使用して取り組んでほしい。

【ねらい】

①いろいろな素材の性質、加工方法を知り、何に見立てることができるかを考えてつくる。

②指導方法、保育への活用を考えるために指導案を想定した制作記録を作成する（図版7-6）。

③制作記録には準備物、つくり方、完成図、制作する上での留意事項を記入する。、園で実践するときのために対象年齢や指導する上での留意事項を記入してもよい。

【制作条件】

①学生自身が着用できるサイズにする。

②難易度を上げ、子どもと保育者が共同制作する設定にしてもよい。

③着用することを念頭に置き、着用後の動きやすさや、使用に耐えうるものにする。

④素材の利点を生かし、仕組み・デザインに重点を置きつくる（例：色はぬらずに素材の色を生かす。素材の透明度を生かす。素材の硬さ、やわらかさを生かすなど）。

【制作のヒント】

①実在の人物や物語の主人公用だけでなく、身の回りの物、例えば生物や植物、場合によっては無生物などを採り上げてもよい。

②部分のみをつくって表現する（全てをつくるのではなく、特徴的な部分のみをつくる）。

③ポリ袋などを基本にし、貫頭衣、和服[2]の特長を生かす。

④容易に壊れたり、ずり落ちたりしないために適した材料（針金、ゴムひも、両面テープなど）を工夫して使う。

「衣装を作ろう！」の記録用紙(個人用)

自分がグループに提案するものを考案する　学籍番号　名前

曲名	1 Set it all free　2 Shake it off scene
衣装の材料	①カラーポリ袋（茶系）　②カチューシャ（黒）　⑤ビニールひも（黄、茶系）　②牛乳パック　④色画用紙（黄、茶系）　⑥テープ

衣装の作り方（図と説明文）と完成図	制作上の留意点
ライオン役の衣装 〈頭・腕の飾り〉 ①カチューシャに付ける王冠を切って組み立てる ②作った王冠をカチューシャに付ける ③王冠をつけていないところにビニールひもをつける ④色画用紙を腕の太さに合わせて切る ⑤輪になるようにホッチキスでとめる 〈上下衣装〉 ①カラーポリ袋を体の大きさに合わせて切る ②　で　で貼り合わせる ③演出に応じて、袖を付けたり、デコレーションしたりする。	ビニールひもがすぐ取れてしまうようだったら、色画用紙 or ダンボール ホッチキスでとめて、セロテープで保護シートがわりにしても可 ウエスト合わせてひもで調節する。

図版 7-6 「衣装をつくろう！」の記録用紙

2 貫頭衣とは、古代人が用いたとされる服の一種で、ポンチョのように一枚の布を二つ折りにし中央に頭を通す穴をあけたもの。ひもなどで腰のところを結ぶ。和服は反物を直線で切ったパーツを縫い合わせてつくり、フィッティングは帯の締め具合で調整できる。洋服が立体的な身体に合わせて曲線で裁ったパーツを組み合わせるのと違う。いずれもこの課題のヒントが多く含まれている。

【作品例】

図版7－7～10は、実際につくった衣装を着て、学生がステージで披露している様子である。

図版 7-7

図版 7-8

図版 7-9

図版 7-10

51

造形課題Ⅲ「段ボール箱でつくろう！」

図版7-11　段ボール箱を使ってお店屋さんごっこ。「いらっしゃい」

【概要】

身の回りにある段ボール箱を箱のまま生かして、用途のあるもの（例：遊具、保育で使う用具など）を制作する。子どもだけでできるもの、または子どもと保育者でいっしょにつくることができる作品でもよい。また、その簡単な指導案を作成する。

【ねらい】

①身近な立体素材である段ボール箱を、使い道のあるものに見立て制作する。

②素材を知り、加工方法を学ぶ。

【段ボールという材料について】[3]

①特徴

・中空な特殊構造のため軽い（持ち運びが容易である）が、十分な強度がある。かといって硬いわけではないので、ぶつかっても怪我の心配が少ない。

・加工（曲げる、切る、貼る、着色する）が容易にできるので、子どもたちでも使いこなすことができる。

②切断方法

・カッターナイフ[4]で切る（大人が使うには仕上がりがよく上手に切れる）。子どもには段ボールカッター[5]がある。

・カッティングマットの使用は机を傷つけないばかりか、効率的（少ない力できれいに）に切ることができる。

③接合方法

・立体的なつくる活動では、ものを切ったあと接合するなどの技術的な能

3　段ボールは99％が再生紙。きちんと分類すれば五回ぐらいリサイクルできるという。短所は火と水に弱いことである。

4　刃物は、切れるものを使うこと。怪我をしないためには逆のようであるが、切れない刃物は力を入れすぎて使ってしまうので、いったん手元が狂うと危険である。よって、カッターナイフの刃は切れなくなれば折ることが肝要である。特に段ボールなどのリサイクル材料は、不純物が多く含まれており、刃がすぐに摩耗してしまう。

5　いろいろな段ボールカッター。

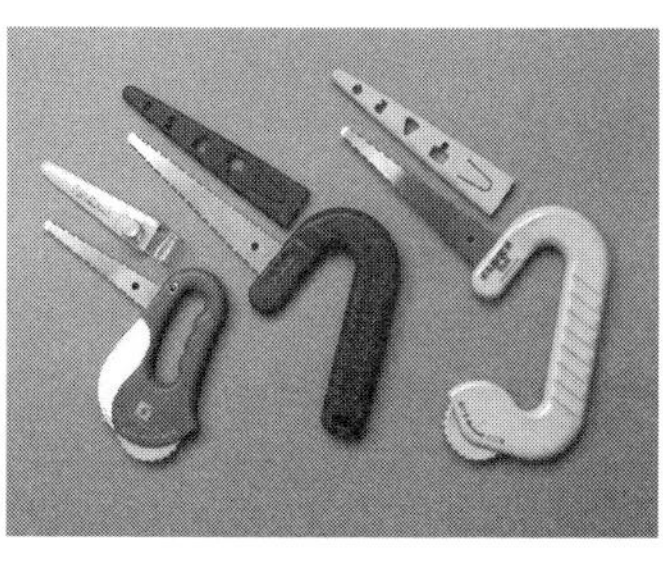

力も必要になってくる。すべて粘着テープで貼るのではなく、耐久性、強度の面からきちんと接着することに挑戦してみよう（木工用接着剤の使用を推奨）。

・接着剤を使わずに、抜けない工夫をしながら、組手にもトライしてみよう。または、ひもやゴムで縛るなどの方法もある。

【制作条件】

①次の三つの条件を満たす作品をつくること。
・箱の形を生かす。
・題材として動物を用いること。
・用途（遊具、保育で使う用具など）があること。
②保育を想定した工夫をすること（強度があり安全で、耐久性があること。子どものサイズや、子どもの身体的発達を考えることなど）。
③子どもがつくる部分等をよく考え、つくり方、子どもたちへの指導の仕方、留意点も考え、指導案を作成する。
④素材の特性を生かすこと（段ボールにしかできない造形）。
⑤廃品（ペットボトル、食品トレー、卵パック等）を積極的に併用すること。リサイクル（分別処理など）にも十分に留意すること。
⑥キャラクターは使用しない（著作権の点から）。

【作品例】

図版7-12〜22は、学生のつくった作品である（題材が動物でない例も含む）。

図版 7-12　用具（物入れ）または遊具（玉入れ）

図版 7-13　遊具（郵便ポスト）

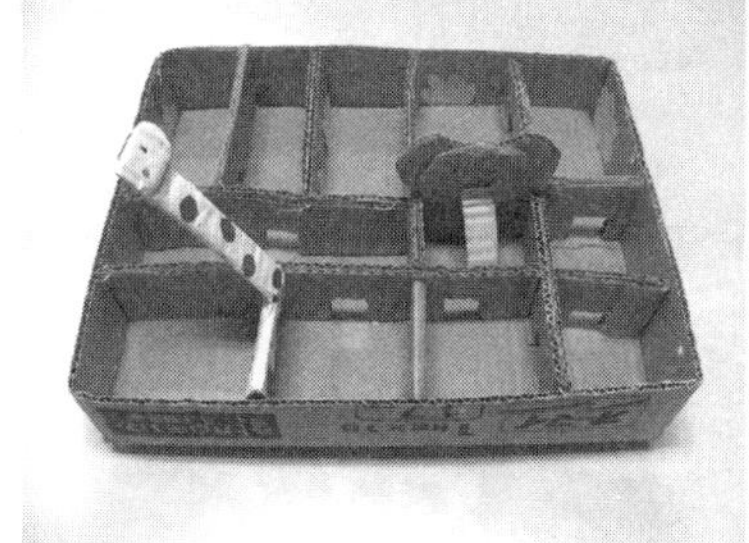
図版 7-14　遊具（めいろ）

図版 7-15　遊具（玉転がし）

図版 7-16　遊具（流しとコンロ）

図版 7-20　遊具（大きなぞうカメラ）

図版 7-21　用具（くまとうさぎの本棚）

図版 7-22　遊具（ふくわらい）

図版 7-17　遊具（手作り楽器）

図版 7-18　遊具（いないいないばあ）

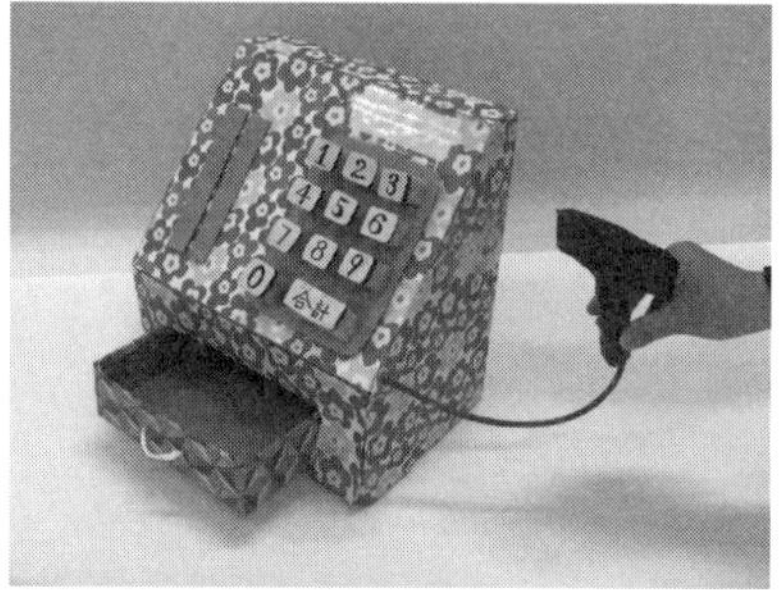

図版 7-19　遊具（レジスター）

52
模擬保育[6]の実践

【模擬保育とは】

模擬保育とは環境構成[7]の技術やいろいろな援助方法、遊びの展開などといった保育の要を体験的に学ぶために、学生が保育者役と子ども役に分かれ、授業内で実際に保育を模擬的に実施することである（図版7-23）。設定保育であるために、保育者の学生は、前もって題材を選定し、教材研究を行い、保育案を立案してから実行しなければならない。この場合、保育者は必ずしも

図版7-23　模擬保育の様子。大きな見本を使って説明をしている

6　双方向型授業やアクティブラーニング（課題解決型学習、グループワーク、体験学習など）が盛んに推奨されているが、模擬保育はそれら多くの要素を含んだ授業形態である。

7　子どもたちが、成長に必要な経験を得られるように、環境を整えることをいう。具体的には時間や空間を考え、ものや人などの状況をつくること。子どもが、興味や関心をもって主体的にかかわれることが大切である。

図版 7-24　大学内に作られた模擬保育室。園と同じものが設置されている

一人で行う必要はなく、数人で協力して取り組んでもよい。そして、残りの学生は設定された年齢の子どもを演じることになる。実施後は、ふりかえりの時間を設けることが大切である。

造形の模擬保育は、実際に材料や道具を使って、制作に取り組むことになるため、各養成校には、保育室を模した模擬保育室が設けられている（図版7-24）。

模擬保育の実践を重ねることで、他の授業で習った専門的知識や技術を統合して、実践力を養い、学びつづけるなかで自己を省察し、保育者への成長を目指すのである。

【造形に関する模擬保育の実践（準備・実施・ふりかえり）】

ここでは具体的な造形に関する模擬保育（設定保育）の授業について解説したい。十五回授業のうち、一、二回目はオリエンテーションや題材の設定、教材研究、保育案の立案（図版7–25）に使い、それ以降は毎時限ごとに模擬保育を実施していく。実際の模擬保育は九十分授業のうち八十分程度とし、残り時間は、提出された保育案をもとに、ふりかえりを行っていく。また、学びの総括として保育者をした学生はまとめのレポートを提出することが大切である。そして、クラスごとの模擬保育で終わらせず、他のクラスの学生とも共有するため、各クラスで実施した模擬保育の制作作品と保育案を掲示して公開する（図版7–29）。

(1)準備（題材・ねらいの設定、保育案の作成と教材研究）

造形活動は、子どもの自発性を尊重し、主体的な表現活動を通して心身の発達が促されるようにすることが重要である。だから、どんな作品をつくるか以上に、どんな経験をさせてあげるかが大切で、そのためにも幅広くいろいろな題材、多くの素材や道具を使った体験ができるように工夫することが大切である。よって模擬保育では、対象年齢を決めたら、子どもの実態を想定し、題材・ねらいを決めることを最初に行う。その時のポイントとなるのは発達の度合であり、今までの生活の流れや体験である。また、その上で主体的な活動が展開されるように、導入・活動・まとめの具体的な計画を立てていかなくてはならない。[8] 模擬保育は、設定保育なので、子どもたちに主体的な活動をしてもらうためにも、特に導入の工夫に力を入れる必要がある。

実際の保育案の記入は、時間の流れに沿って、〈環境構成〉、〈予想される子どもたちの活動〉、〈保育者の援助・留意点〉の各項目にまとめる。準備や

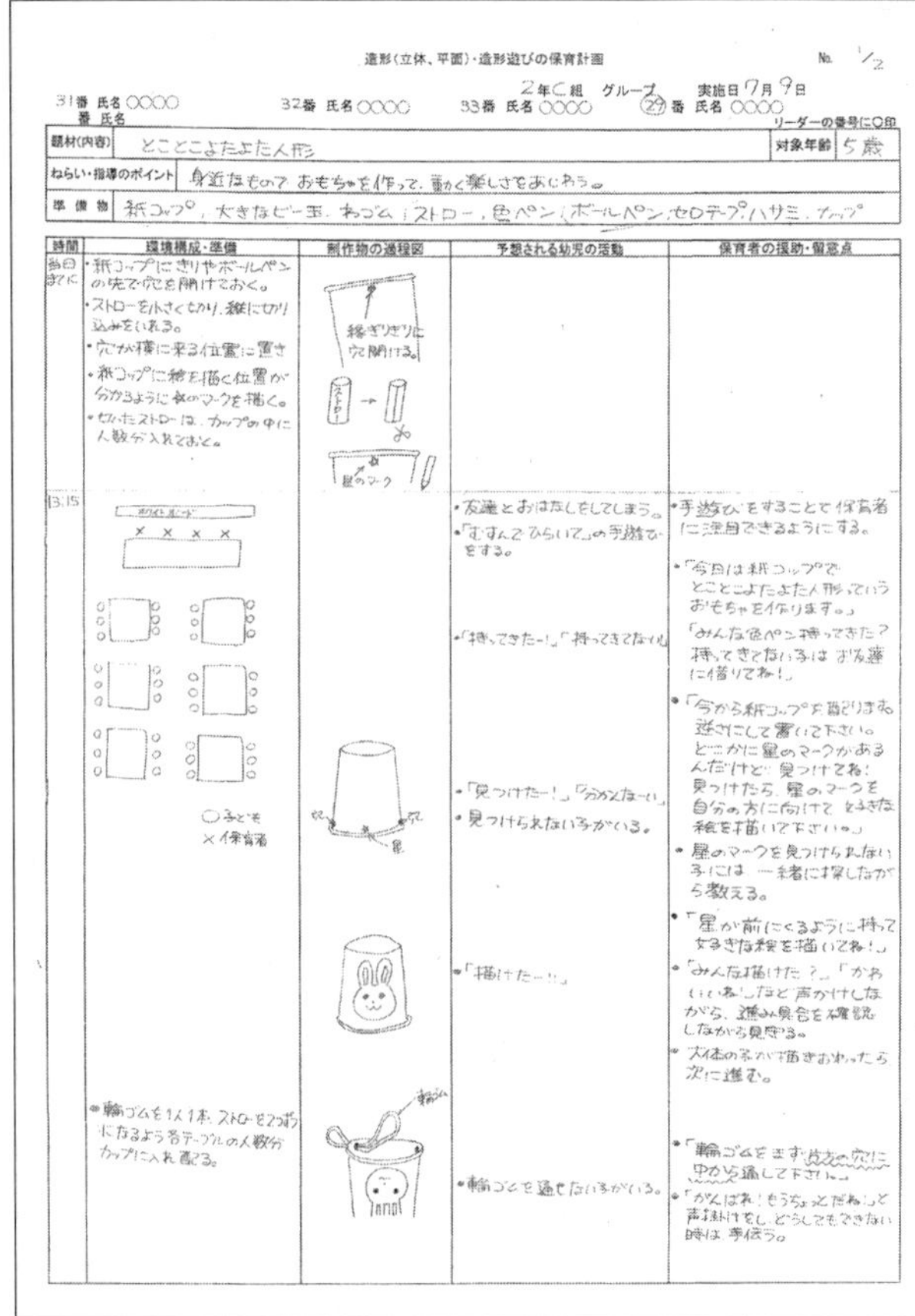

造形（立体、平面）・造形遊びの保育計画　No. 1/2

2年C組　グループ　実施日7月9日

31番 氏名○○○○　32番 氏名○○○○　33番 氏名○○○○　㉙番 氏名○○○○
番 氏名
リーダーの番号に○印

題材(内容)	とことこよたよた人形	対象年齢	5歳
ねらい・指導のポイント	身近なものでおもちゃを作って、動く楽しさをあじわおう。		
準備物	紙コップ、大きなビー玉、わゴム、ストロー、色ペン、ボールペン、セロテープ、ハサミ、カップ		

時間	環境構成・準備	制作物の過程図	予想される幼児の活動	保育者の援助・留意点
当日までに	・紙コップにきりやボールペンの先で穴を開けておく。 ・ストローを小さく切り、縦に切り込みをいれる。 ・穴が横に来る位置に置き ・紙コップに絵を描く位置が分かるように☆のマークを描く。 ・切ったストローは、カップの中に人数分入れておく。	縁ぎりぎりに穴開ける。 ストロー 星のマーク		
13:15	ホワイトボード ○子ども ×保育者		・友達とおはなしをしてしまう。 ・「むすんでひらいて」の手遊びをする。	・手遊びをすることで保育者に注目できるようにする。
			・「持ってきたー！」「持ってきてない」	・「今日は紙コップでとことこよたよた人形っていうおもちゃを作ります。」 「みんな色ペン持ってきた？持ってきてない子はお友達に借りてね！」
		穴 星	・「見つけたー！」「分からなーい」 ・見つけられない子がいる。	・「今から紙コップを配ります。逆さにして置いて下さい。どこかに星のマークがあるんだけど、見つけてね！見つけたら、星のマークを自分の方に向けて好きな絵を描いて下さい。」 ・星のマークを見つけられない子には、一緒に探しながら教える。
			・「描けたー！」	・「星が前にくるように持って好きな絵を描いてね！」 ・「みんな描けた？」「かわいいね」など声かけしながら、進み具合を確認しながら見守る。 ・大体の子が描きおわったら次に進む。
	・輪ゴムを1人1本、ストローを2つずつになるよう各テーブルの人数分カップに入れ配る。	輪ゴム	・輪ゴムを通せない子がいる。	・「輪ゴムをまず片方の穴に中から通して下さい。」 ・「がんばれ！もうちょっとだね」と声掛けをし、どうしてもできない時は手伝う。

図版 7-25　保育案の例

8 保育は、連続した生活であるので、季節に留意することも忘れてはならない。よって題材は季節の行事（七夕、クリスマスなど）と結びつけるのも一方法である。

環境構成については、どこまでを保育者が準備援助することが子どもの発達につながるかを考えなければならない。造形の保育案なので、〈制作物の過程図〉も描いて、誰が見てもわかりやすい工夫をすることもこころがけたい

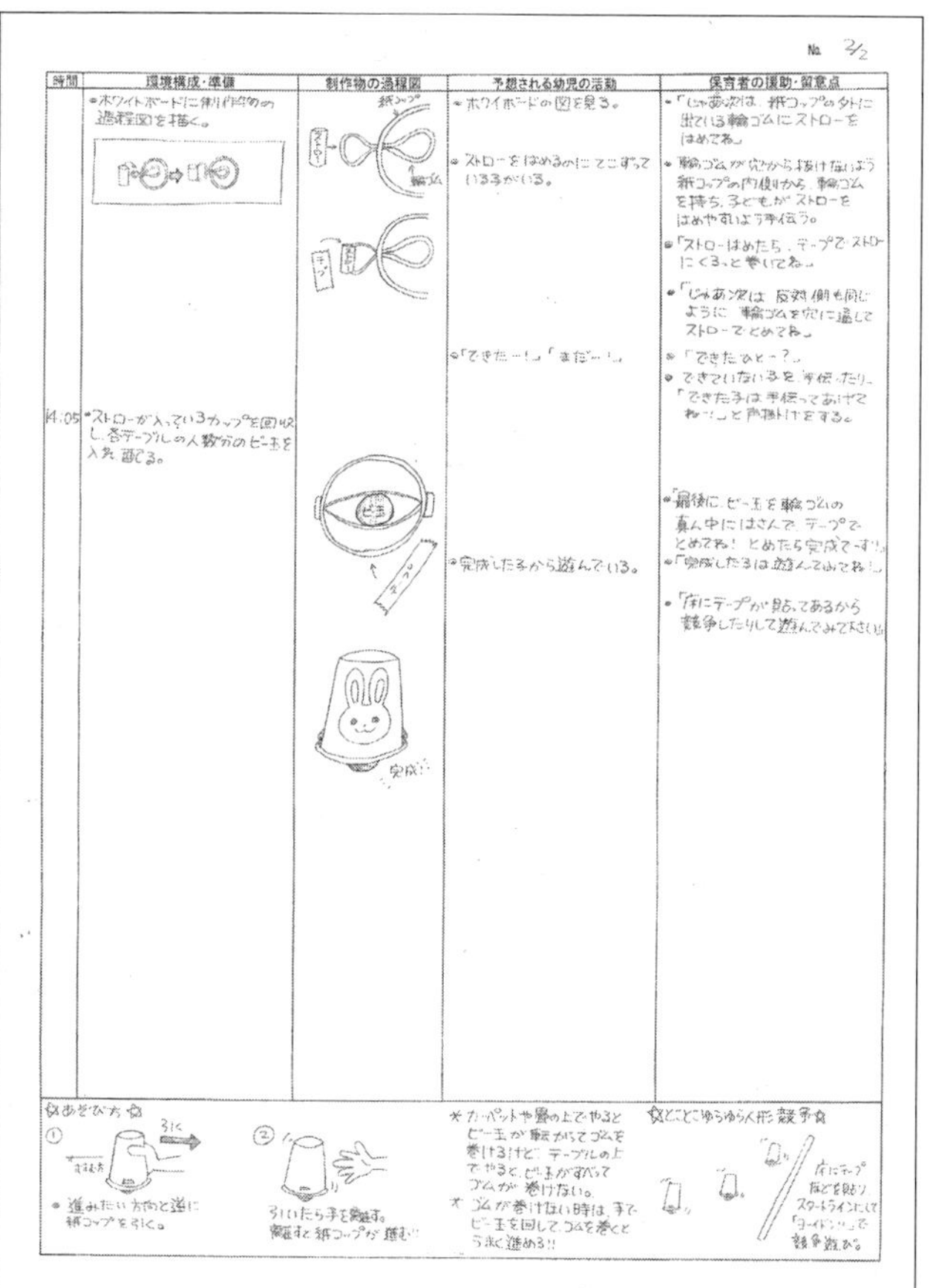

No. 2/2

時間	環境構成・準備	制作物の過程図	予想される幼児の活動	保育者の援助・留意点
	・ホワイトボードに制作物の過程図を描く。	紙コップ／ストロー／輪ゴム／テープ	・ホワイトボードの図を見る。 ・ストローをはめるのにてこずっている子がいる。 ・「できた～！」「まだ～！」	・「じゃあ次は、紙コップの外に出ている輪ゴムにストローをはめてね」 ・輪ゴムが穴から抜けないよう紙コップの内側から、輪ゴムを持ち、子どもがストローをはめやすいよう手伝う。 ・「ストローはめたら、テープでストローにくるっと巻いてね」 ・「じゃあ次は反対側も同じように輪ゴムを穴に通してストローでとめてね」 ・「できたひと～？」 ・できていない子を手伝ったり、「できた子は手伝ってあげてね～！」と声掛けをする。
14:05	・ストローが入っているカップを回収し、各テーブルの人数分のビー玉を入れ配る。	ビー玉／テープ／完成!!	・完成した子から遊んでいる。	・「最後に、ビー玉を輪ゴムの真ん中にはさんで、テープでとめてね！　とめたら完成で～す！」 ・「完成した子は遊んでみてね！」 ・「床にテープが貼ってあるから競争したりして遊んでみて下さい！」

☆あそびかた☆
① 引く　すすむ方
・進みたい方向と逆に紙コップを引く。
② 引いたら手を離す。離すと紙コップが進む!!
＊カーペットや畳の上でやるとビー玉が転がってゴムを巻けるけど、テーブルの上でやると、ビー玉がすべってゴムが巻けない。
＊ゴムが巻けない時は、手でビー玉を回して、ゴムを巻くとうまく進める!!
☆とことこゆらゆら人形競争☆
床にテープなどを貼りスタートラインにして「ヨーイドン!!」で競争遊び。

図版 7-26　制作したごみ袋バルーンで遊ぶ

（図版7-25）。

保育案を入念に考え、つくることは、保育の流れをつかみ、急な出来事や子ども一人ひとりへの対応も可能となる。また、教材研究や準備は、保育案に沿って前もって、十分に行っておくことが大切である。特に教材研究は保育者役全員が行っておく必要がある。[9]そうすることによって自信を持って進められることにもなる。使って遊べるものには、遊びの時間も併せて設定したい（図版7-26）。活動の成否は、十分な準備と、導入の工夫にかかっている。また、複数で保育者を行う場合は、役割分担もしておかなくてはならない。

9 教材研究について以下のことに留意しよう。①わかりやすい伝え方や説明（順序や方法）をしっかり考える。②材料の性質や道具の特徴を把握し、伝えることを明確にする。③完成後、動かして使うものを作る場合は、動かなかった時などに、どのように対処するかなど考えておく。

(2) 実施

造形活動における保育者の役割は、導入（誘い、意欲づけ）、援助（励まし、相談、アイデアの提供）、受け止め（承認、称賛、共感）である。そうしたことを念頭に置いて、具体的には以下のことに留意し取り組んでみよう。

①導入

導入（図版7-28）は、子どもが期待をもって自然に活動に入っていけるように工夫したい。まず、何をつくるかを告知するが、単に「○○をつくります」ではなく、子どもが主体的に取り組んでいけるようにすることが大切である。特に各活動ごとに大まかな流れをいっておくと、子どもも自主的に活動することができる。

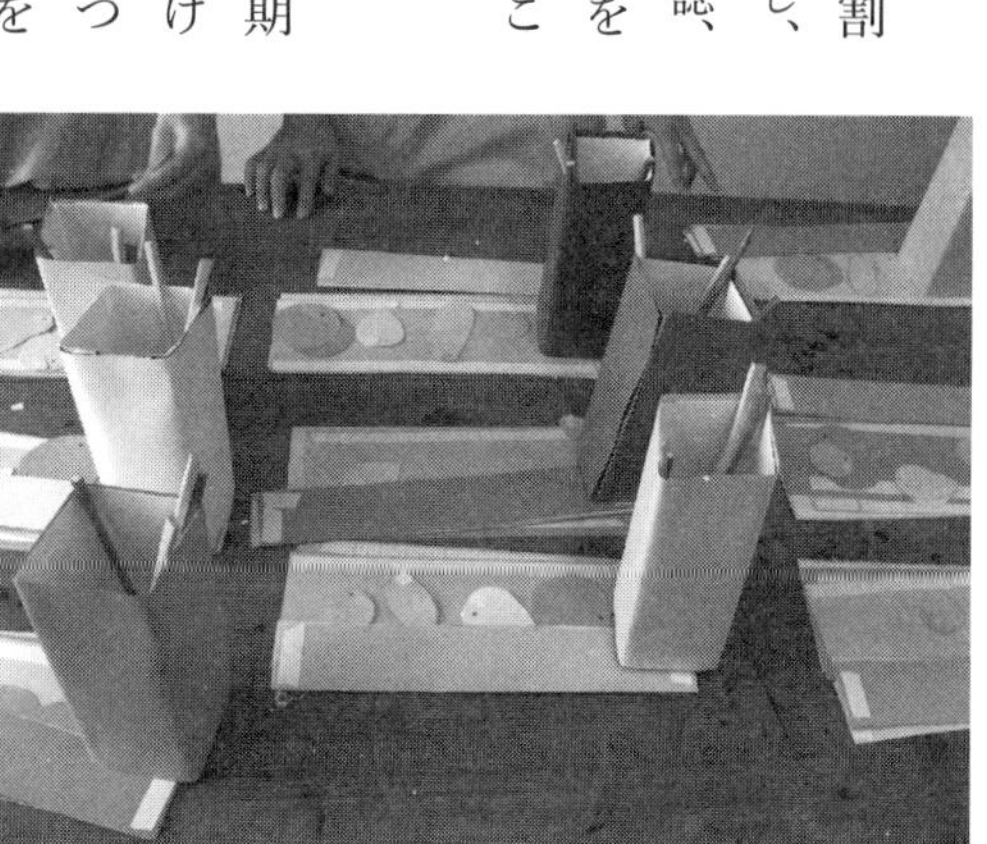
図版7-27　準備した材料。細かい材料を器に入れて配ることで、紛失を防ぐことができる

②活動

保育者は頭のなかで実際の活動の見通しが立っていなければならない。具体的には、ねらいと援助の整合性を確認しながら進める。つくりかたの指導は、だれもが無理なくできるようにわりやすく細部まで説明しなくてはいけ

図版 7-28　導入の様子。導入が活動の成否に大きくかかわる

ない。予想外のこともたくさん起こるので、臨機応変に対応することも必要になってくる。しかし、保育者の指示の声ばかり聞こえてくるだけでは困りもので、子どもがそれぞれ自主的に活動できるようにしなければならない。子どもは保育者を見て、進めていくから、常によい見本となっているか、自分を見つめ確認することも大切である。また、逆に、制作の発想については、自由な子どもの発想力・想像力に教えられることもある。そういったことにも敏感に気づき、そこから得たものを還元できるように

常日頃から感受性を磨いておきたい。

一つの活動が終わり、次の説明をする時は、子どもがしっかりと集中し、聞く環境を整えなくてはならない。説明後は、わからない子がいないか常に確認し、もしわからなければ、繰り返すか、わからない子の傍らに行って教えてあげることも必要である。「ハサミは使い終わったらどうしますか?」と聞いて、数人が「キャップをかぶせて隅に置く。」と答えるだけで先に進むのではなく、「じゃあ、みんなで一緒にやりましょう」と全員で一緒に行うぐらいの入念さが必要である。常に全体に気を配り、子どもの反応をいつも確認して進めることが大切である。どうしたら、子どもによく伝わるのか、保育者が魅せる力量をもつことも必要である。

また、保育者の言葉がけは大切なポイントである。頭のなかで理解したつもりでも、言葉が出てこなかったり、急に補足の説明が必要な時も生じたりしてくるからである。また、子どもの姿をしっかり捉えていなければ、言葉がけや適切な援助はできないだろう。子どもたちに話しかける時は、「○○しなさい」では、自主性や意欲が育ちにくい。子どもたちがこれでよいかな？と自問できるような言葉をかけると、子どもたちが自ら判断し、自ら活動できることになる。また、次のような具体的な言葉がけの習得も大切となろう。子どもたちに５㎝といっても通じないので、親指の長さを示して例えなくてはならない。言葉がけ一つで結果が大きく違ってくるので注意が必要である。

③まとめ

終了時間が近づいた時、ほぼ完成した子には作品を見せてもらうことも大切である。保育者としては、進度の確認ができ、子どもたちもできたことを知らせることによって、達成感や充実感を味わうことができる。保育者は、そうした時はしっかり受容してあげることが大切である。

その時の言葉がけは、「上手だね」「かわいいね」など、通り一遍な言葉がけでは、子どもの心にとどく援助にならないのではないだろうか。「この眼が大きくて上手に顔が描けたね」や「大きなリボンをつけたからかわいいウサギになったね」などと具体的な言葉がけを心がけよう。子どもが自らまたつくってみようと思える言葉がけなのかをよく吟味することが大事である。最後に、造形の模擬保育は、多くの材料や道具を使うので、後片づけについても留意することが必要である。

(3) ふりかえり

反省会は、保育者役の学生が作成した保育案を印刷したものを用意し、配布する。その後、保育者役の学生が、模擬保育を実施した感想や反省を発表する。また、子ども役の学生からの質問や感想、担当教員からの批評を聞き、達成できた点や問題点を確認し、それら気づきを共有して、次に生かすようにする。造形は実際にものをつくるというごまかしのきかない分野であるので、特に、ねらいに対して適切な活動計画であったか、十分な活動がなされ

図版 7-29　保育案と作品を展示して共有する

たかを検討する必要がある。また、それに合った援助がしっかり展開できたかもチェックしなくてはならない。反省点がある場合は、次に生かすために原因を追究し、確認しておくことが大切である。保育者をすることで、多くを学ぶが、子ども役の学生も自分が保育者だったらと照らし合わせることにより、気づくこともけっして少なくないはずである。自身の保育実践力を客観的に捉えることができれば、新たな展望が開けてくる。最後に、保育者役の学生は学んだことをまとめ、レポートとして提出をする。また、制作作品と保育案は、掲示して広く公開する（図版7－29）。

保育を向上させていくことに終わりはない。常に、自らの援助の正否を確認し、修正を行っていく。こうした繰り返しがプロの保育者への道なのである。

おわりに

子どもの造形について、理解を深めていただけたであろうか。理解が深まれば、子どもたちのつくる活動や作品すべてが、いとおしく、素晴らしいものであるという思いに至ってもらえると思う。

間もなく小学校の図画工作では、プログラミングを生かした授業が行われるであろう。保育造形の世界でも、内容は時代とともに変化していくだろう。けれども人類の歴史が続く限り、人間はものをつくっていくはずであるから、そのためにも未来永劫、子どもたちの傍らに造形の実践があって、大人によって、しっかり支援されなくてはいけないことははっきりしている。子どもたちが、生来持っている旺盛な好奇心に応えるためにも。

本書の骨子は、月刊『げんきっ子』（岡崎市保育園連絡協議会発行）に、二〇〇九（平成二十一）年から二〇一九（平成三十一）年まで、不定期に連載したものである。今回、出版にするにあたり加筆訂正をしたり、書き下ろしたものを加えている。最初から本にしようと思ったわけではないが、あるお父さんから、手軽に読める子どもの造形の入門書がないという話を聞き、そのことが本書執筆の気持ちを後押ししてくれた。そして欲張りかもしれないが、どうせならば保育者養成の場で使える、わかりやすい一冊にしようと思い、出版に至った。

最後に、本書に掲載した作品は、筆者の授業を受けてくれた愛知学泉短期大学、愛知教育大学の学生さんが授業でつくった作品や、子ども時代の作品をお借りした。また、撮影に関しては、野々山香織さんのお手を煩わせた。記してお礼申し上げたい。そして今回も出版の労をとっていただいた樹林舎の編集長、折井克比古氏には感謝申し上げる。

今まさに筆をおこうとする段になって振り返って考えてみると、筆者の思いは、一つのことに集約されていくように感じている。それは何かといえば、ひとえに子どもたちが造形活動を通して、ものづくりを好きになってほしいということである。その一点に尽きるような気がしている。そしてその先に輝かしい未来があるような気がしてならない。本書がその一助になれば、そんな嬉しいことはない。それを願いながら、擱筆したい。

二〇一九年八月

石川博章

おわりに（新版のための）

本書の旧版を二〇一九年八月に出版してから、三年が過ぎた。出して半年後の四月に、筆者は四年制大学の子ども教育学部に転職した。「さあ新天地で!!」と思ったその年度の初めから、新型コロナウイルス感染症（COVID-19）が、全世界をパンデミックに巻き込んだ。教育の現場も、大きな混乱を招くこととなり、約三年が経過した今なお、終息を迎えてはいない。自身の再出発とコロナ禍が重なったため、戸惑い、苦労することが多かった。しかし、そうしたなかで、保育者を目指す人のために大切なことをまとめた本書があったからこそ、ブレることなく学生さんに、子どもの造形について数々のことを伝えることができた。そのことは幸いであったと思う。

そして、この三年間で補足すべきことが出てきたり、いよいよ残部が僅かになってきたりしたことから新版を出す必要が出てきた。小学校以上では、問題が山積みのGIGAスクール構想がけんけんごうごうである。もうそこまでデジタル教科書が全てに導入される時が来ている。しかし、紙の本である本書の生きる道はまだ残されているだろう。

新たに図版に用いた写真は、現任校岡崎女子大学の学生さんによるものをお借りした。また、この新版でも、樹林舎の折井克比古編集長にお世話になった。感謝申し上げる。本書が保育者を目指す方、またその他の多くの人に活用していただくことを願っている。

二〇二二年十二月

石川博章

引用・参考文献

山本鼎『自由畫教育』ARS　一九二一年（復刻版　黎明書房　一九七二年）
倉橋惣三・新庄よし子『日本幼稚園史』東洋図書　一九三四年（復刻版　臨川書店　一九八〇年）
V・ローエンフェルド『子どもの絵』（勝見勝訳）白揚社　一九五六年
V・ローウェンフェルド『美術による人間形成』（竹内清・堀ノ内敏・武井勝雄訳）黎明書房　一九六三年
W・グレツィンゲル『幼児画の謎』（鬼丸吉弘訳）黎明書房　一九七〇年
ローダ・ケロッグ『児童画の発達過程』（深田尚彦訳）黎明書房　一九七一年
デズモンド・モリス『美術の生物学 類人猿の画かき行動』（小野嘉明訳）法政大学出版局　一九七五年
井手則雄『新編幼年期の美術教育』誠文堂新光社　一九七五年
巡静一編『新聞紙で遊ぼう』黎明書房　一九七七年
宮武辰夫『幼児の絵は生活している』文化書房博文社　一九七八年
G・H・リュケ『子どもの絵』（須賀哲夫監訳）金子書房　一九七九年（原著は一九二七年）
J・グッドナウ『子どもの絵の世界』（須賀哲夫訳）サイエンス社　一九七九年
巡静一・まつやまきんじ『ダンボールで遊ぼう』黎明書房　一九七九年
鬼丸吉弘『児童画のロゴス』勁草書房　一九八一年
ルース・フェゾン・ショウ『フィンガーペインティング』（深田尚彦訳）黎明書房　一九八二年
W・ヴィオラ『チィゼックの美術教育』（久保貞次郎・深田尚彦訳）黎明書房　一九八三年
『保育専科別冊 新聞紙からダンボール箱まで』フレーベル館　一九八五年
宮脇理監修『美術科教育の基礎知識』建帛社　一九八五年
皆本二三江『絵が語る男女の性差』東京書籍　一九八六年
東山明『美術教育と人間形成』創元社　一九八六年
石川博章「自閉症児の教育（美術教育を通して）」『障害児美術教育演習No.3』愛知教育大学　一九八六年
島崎清海『子どもの絵の発達』文化書房博文社　一九八七年

河合雅雄『子どもと自然』岩波書店　一九九〇年
皆本二三江編著『0歳からの表現・造形』文化書房博文社　一九九一年
栗田真司『ポリ袋でつくる』大月書店　一九九二年
創造美育協会静岡県支部『増訂 幼児画のはなし』文化書房博文社　一九九三年
滝本正男・島崎清海編著『美術教育の名言』黎明書房　一九九四年
「たのしい授業」編集委員会編『だれでも描けるキミ子方式』仮説社　一九九四年
澁谷ミユキ『Ｌｅｔ’ｓ！チラシ遊び』鈴木出版　一九九四年
鬼丸吉弘『創造的人間形成のために』勁草書房　一九九六年
相田盛二『図画工作・美術用具用法辞典』日本文教出版　一九九六
石川博章「保育と民間美術教育運動」『保育内容造形表現の探究』（黒川建一編著）相川書房　一九九七年
東山明・東山直美『子どもの絵は何を語るか』日本放送出版協会　一九九九年
井坂とく『造形表現で生きる総合保育』明治図書出版　二〇〇〇年
笠間浩幸『〈砂場〉と子ども』東洋館出版社　二〇〇一年
野村知子・中谷孝子編著『幼児の造形』保育出版社　二〇〇二年
峰尾幸仁監修『ものづくり道具のつかい方事典』岩崎書店　二〇〇二年
鳥居昭美『子どもの絵の見方、育て方』大月書店　二〇〇三年
立花愛子・森純子『段ボール＆ポリ袋であそぼう』世界文化社　二〇〇三年
辻政博『子どもの絵の発達過程』日本文教出版　二〇〇三年
東山明編著『絵画・製作・造形あそび指導百科』ひかりのくに　二〇〇五年
中川織江『粘土遊びの心理学』風間書房　二〇〇五年
澁谷ミユキ『園で人気のチラシ遊び』ＰＨＰ研究所　二〇〇五年
磯部錦司『子どもが絵を描くとき』一藝社　二〇〇六年
福田隆眞監修『子どもの絵は語る』三晃書房　二〇〇六年
中川香子『お母さんにわかってほしい幼児期のお絵かき』ＰＨＰ研究所　二〇〇六年
竹井史『製作あそび百科』ひかりのくに　二〇〇六年

今川公平『こどもの造形』ひかりのくに　二〇〇七年

岡田憼吾『3歳未満児の環境と造形』サクラクレパス出版部　二〇〇七年

なかがわちひろ『おえかきウォッチング』理論社　二〇〇七年

鈴石弘之・内野務・中村隆介『学校で用いる文具・道具の使い方早わかり』小学館　二〇〇七年

日本造形教育研究会『図画工作の基礎基本 用具・材料のあつかい方 低学年』開隆堂出版　二〇〇七年

高附恵子監修『アイデアあふれるぴかぴかコスチューム』メイト　二〇〇七年

ミウラアキコ・本永京子『0～3歳児 なりきりコスチュームｂｏｏｋ』いかだ社　二〇〇七年

東山明・今井真理『絵の指導がうまくいくヒント&アドバイス』ひかりのくに　二〇〇八年

槇英子『保育をひらく造形表現』萌文書林　二〇〇八年

岡田憼吾『絵画表現と材料・用具の世界』サクラクレパス出版部　二〇〇九年

石倉ヒロユキ『遊べる学べる段ボールおもちゃ』日本放送出版協会　二〇〇九年

中川香子・清原知二編『保育内容表現』みらい　二〇一〇年

尾崎康子・古賀良彦・金子マサ・竹井史『ぬりえの不思議』ぎょうせい　二〇一〇年

奥村高明『子どもの絵の見方』東洋館出版社　二〇一〇年

あいち幼児造形研究会『子どもの表現力をグングン引き出す造形活動ハンドブック』明治図書出版　二〇一〇年

竹井史『0～5歳児どろんこ遊び水遊びプール遊び１８０』ひかりのくに　二〇一〇年

平田智久・小野和編著『すべての感覚を駆使してわかる乳幼児の造形表現』保育出版社　二〇一一年

照沼晃子・平田智久『0歳からの造形遊びQ&A』フレーベル館　二〇一一年

『かんたんこども工作』ブティック社　二〇一二年

今川公平『アート・子ども・いのち　保育としての造形』ちゃいるどネット大阪　二〇一三年

佐善圭編著『造形のじかん』愛智出版　二〇一三年

ふじえみつる『子どもの絵の謎を解く』明治図書出版　二〇一三年

今野道裕『作ってあそべる製作ずかん』学研教育出版　二〇一三年

鮫島良一・馬場千晶『保育園・幼稚園の造形あそび』成美堂出版　二〇一四年

中室牧子『「学力」の経済学』ディスカバー・トゥエンティワン　二〇一五年

島田由紀子『12か月の製作あそび２０９』新星出版社　二〇一六年
松岡宏明『子供の世界　子供の造形』三元社　二〇一七年
竹井史『まいにちぞうけい１１５』メイト　二〇一七年
皆本二三江『「お絵かき」の想像力』春秋社　二〇一七年
樋口一成編著『幼児造形の基礎』萌文書林　二〇一八年
神林恒道・ふじえみつる監修『美術教育ハンドブック』三元社　二〇一八年
谷田貝公昭監修・竹井史編著『保育内容シリーズ⑥造形表現』一藝社　二〇一八年

これら以外にも、多くの雑誌記事、ＨＰなどを参考にさせて頂きました。

著者略歴

石川博章（いしかわ　ひろあき）

1962年愛知県碧南市生まれ。愛知教育大学卒業、同大学大学院修了。愛知教育大学非常勤講師、愛知学泉短期大学教授を経て、現在は岡崎女子大学教授。主な著作に『すべての感覚を駆使して分かる乳幼児の造形表現』『保育内容シリーズ⑥造形表現』『幼児造形の基礎』（いずれも共著）などがある。制作活動では、個展・グループ展等多数。藤井達吉研究にも取り組み、著書に『藤井達吉研究資料集成　しこくささきぬ』（人間社）がある。

新版 よくわかる! 子どもの造形入門52話 保育者を目指す人と親のための

2023年2月13日　初版1刷発行

著　　者　石川博章
イラスト　石川博章

発　　行　樹林舎
〒468-0052　名古屋市天白区井口1-1504-102
TEL:052-801-3144　FAX:052-801-3148
http://www.jurinsha.com/

発　　売　株式会社人間社
〒464-0850　名古屋市千種区今池1-6-13　今池スタービル2F
TEL:052-731-2121　FAX:052-731-2122
e-mail:mhh02073@nifty.com

印刷製本　モリモト印刷株式会社

ISBN 978-4-908627-92-7
＊定価はカバーに表示してあります。
＊乱丁・落丁本はお取り替えいたします。